一〇八怪談
濡女

川奈まり子

竹書房
怪談
文庫

目次

※本書に登場する人物はさまざまな事情を考慮して仮名にしてあります。

第一話（序）　ぬれをなご

高知県四万十町《しまんとちょう》に、美しい白砂の海水浴場がある。三〇年近く前の夏、当時二〇歳の幸彦《ゆきひこ》さんは、高校時代の仲間A、Bと連れだってその海岸を訪れた。

灼《や》けた砂が足の裏に焦げつく、暑く乾いた日であった。三人はしばらくパラソルの日陰でビールを呑みつつ馬鹿話に興じていたが、やがて退屈したBがゴムボートを借りてきた。

見れば、子どもが遊ぶような小さな黄色いゴムボートだ。Aと幸彦さんは笑った。

「そがなん借りてきて、どうするがよ？」

「女の子と乗るがぜよ。その辺の子に声を掛けちゃるき、まあ、見ちょけ」

「魚じゃあるまいし、そう上手《うま》う女の子が捕まるかよ」

Bは二人を尻目にボートを抱えて海へ向かった。幸彦さんたちは、浅瀬でボートを漕ぐBをしばらく目で追っていたが、そのうち飽きて、一〇分間ほど彼から目を離した。

そして何気なく視線を戻すと、Bのボートに若い女が乗っていた。

濡れた長い髪が陽光を跳ね返している。曲線的な体のシルエットが艶《なま》めかしかった。

幸彦さんたちはBの快挙に興奮し、熱い砂を蹴立ててそっちの方へ走っていった。

Bは腰まで水に浸《つ》かってボートを曳いていた。明らかに砂浜へ戻ろうとしている。

だが、不思議なことに、女を乗せた黄色いボートもろとも、どんどん沖へ離れていく。

加速度をつけて遠のく。幸彦さんが波打ち際に着いたときには、姿が見えなくなっていた。監視員に探してもらったが見つからず、もしかして……と思って、乗ってきた車を停めていた駐車場に行った。すると、ちょうどそこへBが女と手をつないで、うっそりと現れた。心配した分、腹が立った。しかし、Bたちのようすが怪しい。

揃って仮面のような大きな笑顔。おまけに、ここは海からだいぶ離れているのに、女は全身濡れそぼっていたのだ。気を呑まれていると、自分はもう少し彼女といるから先に帰ってくれとBに言われた。そこで結局、Bと女を駐車場に残して、Aと二人で帰った。

Bはそれきり家に戻らず、一週間後に、その海岸で溺死体となって発見された。

数時間前に亡くなったばかりの遺体だと聞かされたが、駐車場で別れてから何日間も経っていた。あの後、Bはあの女と一緒にいたと思われた。しかし幸彦さんとAは、女の顔や服装をなぜか思い出せず、あれからBの身に何があったかわからずじまいになった。

――古来、九州や四国に伝承される妖怪の一つに「ぬれをなご」というものがある。

それは水に濡れた姿で海辺に現れて、目が合うと笑いかけてくるが、うっかり笑い返すと、死ぬまでつきまとわれるという。

第二話　山茶花の幽霊

いわゆる虫の知らせは珍しくない。人ならぬものが自らの死を告げにくることすらある。

つい先日は、こんな話をお聴きした。

二〇年ほど前のこと。汐里《しおり》さんの実家には、一株の山茶花《さざんか》があった。生まれた年に、同居している祖父から贈られた樹で、毎年、誕生日の前後に白い花を咲かせていたという。

彼女は一一月末生まれの独りっ子。紅葉も終わり、庭が寂《さび》しくなった頃に開花する純白の山茶花は、冬の訪れを家人に告げると同時に、道行く人の目も垣根越しに楽しませてきた。

一七歳になったばかりの師走《しわす》のある晩、彼女はこんな夢を見た。

――家の山茶花に鮮紅色の花が次々咲く。驚きながら見惚《みと》れるのも束の間、満開になると同時にデロデロと溶けはじめる。たちまち花々が血のような赤い液体と化して足もとまで押し寄せると、辺りを熱気が包む。その赤い液は溶岩のように沸騰していたのだ。

そして気づけば、庭の隅で、祖父が一本の松明《たいまつ》のように、頭から炎を噴き上げていた――。

翌朝、いつものように白い花々に見送られて登校したが、ずっと胸騒ぎが止まなかった。

だから夕方、帰ったときに、家の垣根の前に赤い消防車とパトカーが停まっているのを見たときも、彼女の姿を認めた母が「おじいちゃんが、おじいちゃんが」と泣きながら駆け寄ってきたときも驚きは薄く、あれは正夢だったのかと思うばかりだったのだが……。

聞けば、祖父が庭先で焚火をして、少し目を離したのが原因で火事になりかけたとのこと。

幸い家には延焼しなかったが、三〇平米に満たない小さな庭はまる焼けになり、山茶花は炭になってしまった。

しかし祖父は、小さな火ぶくれが両手に出来た程度で済んだ。

だから、あの夢は予兆には違いないが、少し大袈裟だったのだと汐里さんは考えた。

怪我は軽かったが祖父は心臓に持病があり、大事を取って入院した。


その夜、汐里さんが二階の寝室から何気なく窓の外を見ると、焼けたはずの山茶花が花盛りの無事な姿で月明りに白く照り映え、そばに祖父が佇《たたず》んで穏やかに花を眺めていた。

彼女は思わず大声を上げた。……途端《とたん》にすべて消え去り、庭に無惨な現実が戻った。

その直後、祖父の急変を告げる電話が病院から入った。

枕もとに駆けつけたときには危篤に陥《おちい》っており、未明に亡くなった。

「あのとき私は、祖父と、それから山茶花の幽霊を見たんです」と汐里さんは言う。

第三話　幽明界を異にしても

死別することを「幽明界《ゆうめいかい》を異にする」と言うけれど、冥途《めいど》と此の世を繋《つな》ぐ道もありそうだ。ある程度歳を重ねると、肉親の死を身近に感じだすものだ。かく言う私も、両親は平均寿命を超え、伯父や伯母の多くが鬼籍に入った。祖父母の臨終は昔の出来事になりつつある。

正宗《まさむね》さん夫婦は共に還暦に手が届く。去年の冬、彼の妻の父、つまり義父が亡くなった。彼の義父は、この数年間ずっと癌で闘病していた。が、最期にかなり近づくまで、良く言えば豪放磊落《ごうほうらいらく》で陽気、悪く転ぶと、無神経で自分勝手だとそしられる性格のままだった。

生前、義父は無宗教で、カラオケが大好きだった。そこで正宗さんたち遺族は音楽葬で弔うことにした。葬送の曲は、義父の十八番「マイウェイ」。

式場にグランドピアノを運び入れて、柩に供花するときに、ピアノの生演奏を付けた。雄大な調べが流れる中、花を手にした喪服の行列が、しずしずと棺のある祭壇に向かって進みはじめると、正直なことを言えば義父が苦手だった正宗さんも感動で胸が一杯になった。

と、そのとき、天井の照明がバチバチバチッと音を立てて点滅した。

激しい明滅が三〇秒ほども続き、皆の動揺が大きくなったところで、突然、止んだ。

――おとうさんは最期まで我が道を歩んだな。

彼はそう思って思わず苦笑してしまったそうだが、他の親戚も同じ感慨を抱いたようで、その後、皆で集まる度に「あの人は最期もマイウェイだった」と、これを語り草にした。

そして、その都度、毎回、義父の母親にあたる、正宗さんの妻の祖母の逸話も引き合いに出された。義父には母親譲りの神秘的な力があったのではないか、と思う者が多かったのだ。

義父の母という人は、四〇代の若さで急死した。心臓発作による白昼の突然死だったのだが、その死の瞬間、目を掛けていた親戚たちに、なんらかの合図を送ったそうなのだ。

一回忌の折には、小さな頃から特に可愛がられていたという妻も、真顔でこんな話をした。

「あのとき、外出先で、パールのネックレスが急にパチンと弾けたのよ。後で聞いたら日時がおばあちゃんの臨終とぴったり重なっていたの！」

すると、そういえば……と正宗さん自身も、親戚に伝わる古い話を想い起こした。

彼の母方の祖母は、長崎の原爆で亡くなった。お気に入りの銀の鈴を肌身離さず身につけている人で、家族は誰しも、彼女の鈴の音を憶えていた。

「僕の叔母が、祖母が死んだとき、お母さんの鈴の音が耳もとでチリンと鳴ったと言っていましたよ」と正宗さんは妻や親族に打ち明けた。もちろん誰も疑いを挟まなかった。

第四話　珊瑚

第二次大戦中、加代子《かよこ》さんの曾祖母に、満州国から葉書が届いた。彼女の息子は大陸へ出征していた。その葉書には、北端の露満国境付近に駐屯していると書かれていた。

ところがある朝、彼女は悲鳴を上げて飛び起きて「あの子は海で亡くなった！」と泣き叫んだ。息子が乗った船が爆撃され、南の海に沈む夢を見たのだという。

髪を振り乱し、天を仰ぎ地に伏して嘆き悲しむので、家人は皆して彼女をなだめた。

「あの子は陸軍兵士として北の大陸に出征したのだから、海で死ぬわけがない」

やがて戦争が終わった。息子はまだ帰らなかった。

終戦から数ヶ月後、白木の箱が母親のもとに届けられた。

箱には、蓋つきの壺が納められていた。

両手で包み込めそうな壺で、骨壺にしては小さく、羽根のように軽い。空なのではないかと怪しんだ彼女が揺すってみると、中からカラコロと乾いた音が聞こえた。

――蓋を開けたところ、南洋の珊瑚《さんご》のかけらが一つ、壺の底に転がっていた。

第五話　おかあさーん

一九八三年というから、もう四〇年あまり前のことだ。当時二〇歳の真佐子《まさこ》さんは新婚の夫と二人で家を借りた。年の瀬も押し詰まった頃だった。

遠い山裾まで冬枯れの田畑が広がる、三重県の田舎町。町というより村、いや、いっそ集落と呼んだ方がふさわしい乏しい家並みの一角に、二軒長屋が二棟建っていた。

真佐子さんの親戚が大家と知り合いで、新居を求めるにあたってここを勧められたのだ。和室の六畳二間と台所、風呂トイレだけの簡素な造りだが、二人で暮らすには充分だった。奥座敷の壁で繋がったお隣さんを含め、二棟の長屋の残り三室はすべて埋まっていた。

この部屋にも最近まで賃借人がいたようで、入居から間もなく、見知らぬ男が予告もなしに訪ねてきた。戸口に立った真佐子さんの顔を見ると、なぜか驚いた表情になり、「〇〇さんは？」と詰問調で訊ねた。「ここに住んでいる〇〇さんや。どこにいる？」

「何も知りません。大家さんに聞いてください」と言うと、舌打ちして去っていった。

その翌日か翌々日に、別の男が来て同じ問答を繰り返した。どちらの男も、どこか堅気ではない金融業者風に見えた。そこで隣人に前の住人について訊ねてみたところ、わけありげに声をひそめて「子連れ夫婦が三人で住んどったが、夜逃げした」と教えてくれた。

ついでに「むっちゃ追い込まれとったで、心中したんやんか」と縁起でもない噂まで吹き込まれて、背筋が寒くなった。

真佐子さんの夫は長距離トラックの運転手で留守がちだった。その晩、独りでまんじりともせず蒲団《ふとん》に横たわっていたら、天井から灰色の靄《もや》が降りてきた。飛び起きようとしたが手足が動かない。掛布団の下で芋虫のようにもがいていると、靄を透かして、見たこともないフランス人形が視界に入った。本棚に飾られているが、その本棚も自分たちのものとは違う。

靄に包まれながら、もがいているうちに夜が明けた。同時に、いつもの景色が戻った。

明くる日も夫は不在だった。彼女は、前夜の寝不足を解消するために昼寝をした。

ひと眠りした頃、そばで足音がして目が覚めると、赤いTシャツと紺色の半ズボン姿の二歳ぐらいの男の子が、蒲団の周りを走りまわっていた。またしても手足が動かず、芋虫のように体をのたうたせて逃げようとしていたら、その子が蒲団の足もとで立ち止まった。と思ったら、匍匐前進《ほふくぜんしん》で下からズズズッと蒲団に潜り込んできて、耳もとで、

「おかあさーん」

——冷たい吐息を吹きかけられて総毛立った途端、男の子の姿は消えたが、頭に「心中」の二文字が浮かんだという。本当に一家心中があったのだ、と、彼女は今も信じている。

第六話　二・二六事件の青年将校

まだインターネットが一般的ではなかった九〇年代半ばの頃は、オカルト系の読み物が盛んに作られていた。、都内在住の槇子《まきこ》さんは、その手の雑誌の熱心な読者だった。

あるとき彼女は、首相公邸に二・二六事件がらみの幽霊が出没するという記事を読んで、興味を持った。二・二六事件について知りたいと思い、書店へ行ってみると、参考になりそうな本がすぐに見つかった。パラパラとページをめくってみたところ、正装をした青年将校の写真が目に飛び込んだ。凛々《りり》しい若者だが、彼も処刑されたのであろう……。

痛ましく思いつつその本を買って帰ると、さっそく読み耽《ふけ》った。

それからというもの、寝ても覚めても二・二六事件のことばかり考えるようになった。関連書籍を片端から漁るうちに、公邸の話とは別の二・二六事件関係の怪談を知った。

——二・二六事件のドキュメンタリー番組を制作した某テレビ局のスタッフが、番組完成の打ち上げ会の席上で、ふと一人の男に目を留めた。熱心にお酌をして回っているが、見かけない顔だ。横にいた同僚に訊ねてみると、誰だかわからないが、最近どこかで見たような気がすると言った。そのうち急に姿が見えなくなった。その後、二・二六事件の将校たちの写真を眺めていたら、その中に、お酌していたあの男の顔を見つけた。

——と、こんな話を読んだばかりの、その夜、眠っていたら、なぜか急に目が覚めた。枕もとの目覚まし時計を見ると、午前二時を指している。目覚まし時計から視線を外して、枕に頭を戻す刹那、ベッドの足もとに佇む人物に気がついた。

初めに買った本に載っていた、あの青年将校だった。

わけもなく胸が高鳴り、涼やかな眼差しを熱く受け留めた。

……と思うや否や、彼の姿はたちまち消えた。

怖さは感じず、彼は何かを伝えにきたのだと直感した。でも何を？

考えるうちに、そう言えばまだ慰霊碑をお参りしていなかったな、と思い至った。

翌日、渋谷区宇田川町の旧東京陸軍刑務所跡にある《二・二六事件慰霊像》を訪ねた。

昨夜の青年将校が処刑された場所である。彼をはじめ決起した将校らの遺族が一九六五年に寄贈した観音像が、静かに天を指していた。槇子さんは像に手を合わせて、御霊の安らかなることを祈った。

その帰り道、公園通りを歩いていたら、後ろから、軍靴を履いた兵隊が足並みを揃えて行進するような音が迫ってきた。だが、振り返っても、買い物客や学生が往来する横を路線バスが走ってゆく、平和な大通りの景色があるばかりだった。

第七話　鮑の命日

二〇一二年の七月、槇子さんは、夫や夫のスキューバダイビング仲間と小田原へ行った。ここ一年あまり付き合いのある夫の同僚Aと彼のバディB、昔馴染みの夫のバディ、槇子さんたち夫婦の計五人で小型クルーザーを借りたのだ。

全員四〇代で気心が知れていた。ただし槇子さんは夫の同僚Aを疎《うと》ましく感じていた。Aときたら、毎週末、家に押しかけてくるのだ。そろそろ我慢の限界だった。

幸いAは彼のバディであるBと会話していた。Bはスキューバダイビングのインストラクターで、クルーザーの調達と操舵も担当していた。ダイビングポイントもBが決めた。

クルーザーが錨《いかり》を下ろすと、槇子さんは船上に残り、海に潜っていく四人を見送った。

彼らはやがて、獲物を持って戻ってきた。何か獲るとは聞いていなかったので、槇子さんは驚いた。Aが「ここは鮑がよく採れるんですよ」と彼女に説明した。

AとBは最初から鮑《あわび》が目当てだったようで、クーラーボックスを持参していた。

槇子さんは夫を脇に呼び寄せて「漁協に許可を取らなくていいの？」と問い質《ただ》した。

「少しぐらいなら採っても構わないだろう」と夫は彼女に囁き返した。

結局、その日は夫も鮑獲りを楽しんだ。とはいえAとBほどではなかった。彼らはクーラーボックスを鮑でいっぱいにして帰っていった。

それからもAは夫を同じダイビングポイントに誘った。槙子さんはもう同行せず、そのうち夫も行かなくなった。鮑が原因で、Aとの間に距離が生じたのだという。

「あいつら、僕に内緒で鮑を料亭に卸《おろ》していたんだよ！　もう付き合いきれない。どっちにせよ、鮑の生息地は海藻だらけで視界が悪いから、潜ったって面白くないしね」

Aは鮑の漁場に通いつづけた。やがて冬になり、ある朝、夫のもとにBから連絡が入った。

Aが鮑を採りに潜ったまま、上がってこないというのだった。

夫も捜索に協力したが、夜になってもAは発見できず、翌日、沖合で、漁師が網に掛かった男の遺体を引き揚げた。

顔が傷だらけで一見しただけでは人相がわからず、ダイビングスーツが脱げ、エア・タンクやフィンも失っていたが、間もなく、それがAだったことが明らかになった。

一年後、Bが「Aを弔いに行く」と言って、Aの命日に同じ場所で死んだ。ダイビング中の事故で、その死亡推定時刻が、Aが消息を絶ったのと同じだった。

その数ヶ月後、また夏になり、久しぶりに潜りに行った夫から電話が掛かってきた。

「小田原でAのタンクを見つけたよ。怖かったなぁ。鮑がびっしり吸いついていて……」

第八話　廃モーテルの怪事件

八〇年代半ばの夏の夜、仙台市内の大学に通っていた一雄《かずお》さんと、A、B、Cの四人は、Aの車に乗って、仙台新港のそばの廃モーテルへ肝試しに行った。

到着したときには午前零時を過ぎていた。ボロボロのビニールクロスがワカメのように垂れ下がったゲートをくぐると、急に視界が開けて、露天の駐車場の先に建つコテージを車のヘッドライトが青白く照らし出した。

コテージは全部で七棟あった。一見して荒廃が著しく、建物の周囲も雑草だらけで、辺りは真っ暗。この辺りは人家から遠い。車のエンジンを切ると、重い静寂が辺りを圧した。するとAがにわかに怖気《おじけ》づいた。「俺は車に残るよ」と言い張る。

仕方なく一雄さんたち三人で、各自、懐中電灯を持って探索を始めた。片方の端から順に一棟ずつコテージに入ってみたが、ちょっと気味が悪いだけで、別に何も起きない。とうとう最後の一棟を残すのみになったとき、車のクラクションが夜の静寂を切り裂いた。Aの車の方へ駆け戻ろうとしたところ、別の車のヘッドライトに眩しく照らされた。

三人揃ってたたらを踏んで立ち止まると、見知らぬ白いセダンが目の前をゆっくりと横切って、これから行こうと思っていた最後のコテージの前に停まった。

暗くて顔や服装までは見えなかったが、後部座席にも一人乗っているようだった。

一雄さんたちがAの車に乗り込むと、「僕がクラクションを鳴らした」とAが言った。

「さっきの車が来たからね。後ろに乗せてたのは、たぶん女だ。エッチしに来たのかな?」

「……おい、さっきの車、もう行っちゃうぞ！　変に早いな?　何しに来たんだ?」

四人が見守る中、白いセダンが動きだした。方向転換する刹那にヘッドライトが真正面から一雄さんたちの顔に当たった。こちらからも、向こうの車の中が見えた。

「おかしいぞ。後部座席が空だ。来るときに乗っていた人は?」

助手席にも人影がなく、誰かがあのコテージに置き去りにされているのではないかと思われたが、折から、どこからともなく白い野良犬が現れて辺りをうろつきはじめた。

犬が怖かったので、廃モーテルを後にして、朝までやっている行きつけの呑み屋に行った。

そして、一雄さんたちから話を聞いた呑み屋のマスターが警察に通報した結果、件《くだん》のコテージから遺体が見つかり、ほどなく犯人が逮捕されたのだった。

不思議なことに、捕まった犯人は、一雄さんたちの存在に少しも気づいておらず、着いたときから一番端のコテージに死体を隠して帰るまで、件の廃モーテルには車など一台も駐車されていなかったし、人っ子一人見かけなかったと言っていたという。

第九話　おんぎゃあ、おんぎゃあ

——臨月の妻が、深夜に破水した。一雄さんは妻を車に乗せて、夜道を産院へ急いだ。そこは彼らの家と同じ仙台市内の産婦人科専門病院だった。いつもここで診《み》てもらっていて、間もなく出産する予定でもあったから、破水した割に、妻は落ち着いていた。

産院は、すでに門を閉ざし、出入口の明かりも落ちていた。しかしインターホンを鳴らすと、スピーカーの向こうで看護師さんの声が「はい」と応えた。さらに、一雄さんが苗字を名乗った直後には、そこから赤ん坊の泣き声も流れ出した。

「おんぎゃあ、おんぎゃあ！　おんぎゃあ、おんぎゃあ、おんぎゃあ！」

妻が「赤ちゃんが泣いてるね」と嬉しそうに話しかけてきた。

「そうだな。大きな声だ」と彼が応えると、「とっても元気そう」と妻が微笑《ほほえ》んだ。

泣き声は、看護師がインターホンの通話を切るまで、たっぷり一分以上も続いた。

その後、処置が一段落したところで、赤ん坊の声が聞こえたと看護師に話した。

——まさか「やめてください！」と叱られるとは思わなかった。

看護師は青ざめた顔で彼に言った。

「赤ちゃんは一人も泊まっていませんから！　怖いことは言わないでください！」

第一〇話　謎の石碑

一雄さんと大学の同級生が四、五人で、宮城県の心霊スポット・加瀬沼《かせぬま》に行って、沼をバックに、使い捨てカメラで集合写真を撮った。

今ならスマホで撮影して、その場ですぐに画像を確かめられる。しかし当時はフィルムを現像に出す必要があった。

翌日、写真屋で使い捨てカメラのフィルムを紙焼きしてもらったところ、自分たちの後ろに、見た記憶のない石碑が一つ写っていた。

大きな石で、身長一八〇センチの一雄さんよりも丈が高い。

一同、信じがたい気持ちで、後日わざわざ加瀬沼まで検証しに行った。日中を選んで、同じメンバーで訪れたのだが、そんな石碑は見つからなかった。

――写真の石碑には、何か文字が彫ってあったという。惜しいことに、一雄さんたちの陰に隠れていて読めなかったそうだ。

写真は紛失してしまったとのことで、さらに残念。

宮城郡利府町《りふちょう》・多賀城《たがじょう》市・塩釜《しおがま》市にまたがる巨大な灌漑《かんがい》用水池、加瀬沼が造られたのは約四〇〇年前のことだ。最初は小さな溜め池だったものを徐々に広げて、現在の大きさになったという。大正から昭和の初め頃には上水道の水源池としても利用され、現在は県立公園の一部となり、白鳥の飛来地でもある。

心霊スポットとして噂されるようになった根拠は不明だ。たまに釣り客が足を滑らせて水に転落した結果亡くなるそうだが、それはどの水辺でも起きる事故だろう。

また、当地の人々が噂する幽霊は、釣り客ではなく若い女で、深夜、加瀬沼の近くでタクシーを拾うのだとか……。その先はお定まりの展開で、女はいつの間にか消えて、後部座席のシートがぐっしょり濡れていた、という……。

つまり彼の地に伝わるのは典型的なタクシー怪談で、石碑にまつわる話ではなかった。

しかし加瀬沼の水辺から数十メートル離れたところに、水神社と三基の石碑が存在する。

あるいは、この前で写真を撮ったのではないかと思ったけれど、一雄さんは、あくまでも水辺で撮影したと言うし、ここの石碑はそれほど大きくもない。

付近には狸や狐が棲息しているそうだから、不思議な石碑は、狐狸の仕業か、あるいは水神さまがお怒りになって見せた幻ではなかろうか。

第一話　金縛り柔道

剛士《たけし》さんが高校生の頃、遠縁の女性が重病で入院していて危篤に陥った。

父方の血筋の人だという話だった。しかし今まで一度も会ったためしがないので、正直なことを言うと面倒くさかったが、両親や伯父伯母に説得されて病室を見舞った。

行ってみると、どんな重要人物なのかと驚くほど、大勢の人々が病床を取り囲んでいた。

人垣に阻まれて、肝心の病人の姿がなかなか見えない。背伸びして、ようやく確認できた。

思いがけないほど若く美しい女だった。顔は土気色で、やつれてはいるが、自分とあまり変わらない少女の面差しで、目鼻立ちが整っている。

現金なもので、急に哀しくなった。なんと可哀そうな……。

しかし嘆こうが憐れもうが、死は容赦なく彼女の命を奪っていった。

「ご臨終です」と最期の脈を取った主治医が、病室の一同に告げた。

その夜、剛士さんは金縛りに襲われた。

息苦しくて目が覚めると、暗い中にもさらに黒々とした人影がのしかかってくるところ。

咄嗟《とっさ》に跳ねのけようと思ったが、腕が動かない。

――押忍！

彼は気合いを入れた。柔道は黒帯。

こういうときは、まず、襟《えり》を両手で捉えるべし。

気合いで金縛りを解くと、のしかかる影の襟元（と思われるところ）を掴みつつ、クルリと体を翻《ひるがえ》して蒲団に片膝をつき、「ヤーッ」と鮮やかに背負い投げをキメた。

投げ飛ばした人影は、畳に落ちる前に空気に溶けるように消えたとか。

第一二話　しつこい男

幻想画家の澁谷瑠璃《しぶやるり》さんは弾き語りをするミュージシャンでもあり、盛んにライブ活動を行っている。昨年イベントで共演させていただいた経験に照らせば、彼女は、誰にも媚《こび》を売らない、なよなよしたところが微塵《みじん》もない鋼《はがね》の精神の持ち主だと思う。

しかし、抜きん出て容色に優れているがために、異性から誤解を受けることがありそうだ。

事実このような例もある。

――五年ほど前に知り合った男性が彼女にアルバイトを持ち掛けた。彼が経営するレストランのホールスタッフをしないか、というのである。ただのバイトなら興味をそそられなかったかもしれないが、その店は大きな古民家の一階にあり、二階の一室をアトリエ兼寝室として彼女に提供するというのだ。賃料は取らないし、創作に集中したいときにはアルバイトを休んでもいい。しかも場所は苗場スキー場のそばで、頃は冬。周囲は美しい雪景色。

二月に個展を開催する予定だった瑠璃さんは、この話に飛びついた。

件の男性は五〇代で、彼女より二〇歳ぐらい年上だった。最初は非常に紳士的で、変に色気を出してくることもなかったので、油断していたのである。

行ってみれば、レストランがある苗場の古民家には彼の両親も同居しており、彼に、まるで恋人のような紹介のされ方をして、挙句は「ずっとここに居ていいんだよ」と……。

しかし、確かにそこは創作には良い環境で……。結局、二週間も滞在してしまった。

個展が始まると、彼は初日から押しかけてきて、一〇日間の会期中、ずっと居座った。

絵は買ってくれたが、彼女におもねるために購入したのは明らか。だから特に力を入れて描いた作品が、顔見知りの美術愛好家に売れたときにはホッとした。

その頃から彼は頻繁に連絡を寄越しはじめた。初めは熱烈なラブレターを送ってきたが、素っ気なく対応していると、やがてその内容が悪口雑言に変わった。SNSにも誹謗中傷を投稿され、この嫌がらせは一年半も続いた──が、あるとき突然、静かになった。

それからほどなくして、SNSで、彼が末期がんで逝去した旨を知らせる投稿を見つけた。

そのとき瑠璃さんは、彼に買われた作品も、遺体もろとも火葬してほしいと強烈に思った。

──たとえ巨万の富を積まれても、自分の魂は誰にも所有させせない。彼の思い上がりも棺に納めて焼いてしまいたい──この願いを込めて「棺桶」という歌を作った。

ところが、これを歌おうたびに途中で首を絞められたかのように息苦しくなり、まともに歌い通せたためしがないという。しつこかった彼の未練か、呪いというべきか……。

第一三話　廃屋の人形

卓実《たくみ》さんは、千葉県の袖ヶ浦《そでがうら》市で生まれ育った。現在は四一歳。昔は子どもの遊びといえば外遊びが主で、彼も小さい頃は野山で遊ぶことが多かった。近所には公園もあるにはあったが、むしろ公園に隣接した山の方が彼ら少年たちの冒険心をそそったのだった。

その山の奥に、謎めいた廃墟があった。山の小径《こみち》を麓《ふもと》から上っていくと、やがて赤錆だらけの鋳鉄の門が現れるのだ。門の隙間から、平屋造りの洋館が覗けた。

小二か小三の頃、仲の良い同級生二人と連れだち、その洋館に思い切って侵入してみた。暖かな冬の午後二時頃、鬱蒼《うっそう》とした森に抱かれた建物は、荒れ果てながらも原型を留めていた。優美な曲線のアルコーブを眺めながら玄関へ――意外にも鍵が開いていた。

室内は、床も壁も穴だらけ。廊下の奥は暗闇に閉ざされていたが、恐る恐る歩いていくと、ドアがあり、開けた途端に陽の光がサッと溢れだした。ドアの中は広々とした部屋で、かつては居間かパーティールームとして使われていたようだった。壁の一面を占めたガラス窓が、今は枯れ葉で埋まっていたが元は広い芝生だったと思われる庭に臨んでいた。

やがて卓実さんたちは、この部屋の奥に出入口を見つけた。ここも鍵が掛かっていなかった。これは、小さな三和土《たたき》と裏口のドアを有する小部屋に通じていた。

——三和土の隅に下駄箱があり、その上に白いドレスを着たアンティークドールがポツンと座っている。人の赤ん坊ぐらいの大きさで、つやつやした陶器の顔や手の造作がリアルだった。だが、やけに頭が大きい。顔立ちは愛くるしいのだが、不気味に感じた。

数日後に再訪したときは、別の人形に取り換えられていた。今度は、博多人形のような立ち姿の飾り人形で、ほっそりしたボディに紫色のチャイナドレスを纏《まと》っていた。

次に行くと、そこには何も置かれていなかった。

さらに、その次には、再び、紫のチャイナドレスの人形が置いてあった。

……明らかに誰かがこの家に出入りしている！　しかし両親に訊いてみると、この家の主は何十年も前に死去していて、遺産相続人は遠方に住んでいるというのだった。

春になり、またいつも仲間と行ってみると、例の下駄箱の上に、最初に見た白いドレスのアンティークドールが座っていた。この人形を目にしたのは初めの一度きりだったたから、卓実さんは軽く驚いて「あっ」と声を上げながら下駄箱の方を指差した。

途端に、卓実さんたちの目の前で、人形がゆっくりと下駄箱から腰を浮かしはじめた。

そしてお辞儀するかのように前のめりになり、真っ逆さまに三和土に落ちた。

第一四話　赤い口紅のナース

昭和の終わり頃のこと。治《おさむ》さんが生まれた家は、千葉県中西部の辺りで当時はいちばん大きかった総合病院に隣接していた。彼はそこを庭代わりに育ち、よく幼稚園や小学校の友だちも病院の敷地に招き入れては、みんなで鬼ごっこやかくれんぼに興じたものだという。
六、七歳の頃のある日、いつものように鬼ごっこをしているうちに、敷地の端の方まで鬼に追い詰められた。そこには四、五階建ての、鉄筋コンクリートのビルが建っていた。
ここにはいくつも病棟がある。これもそのうち一棟で、近くに来たことは前にもあった。でも、このときは鬼が後ろから迫ってきたので、慌てて脇の植え込みを潜り抜けたのだった——つまり初めてこれの裏側へ迷い込んだ。

植え込みから頭を出すと、広い空間が開けていて、その奥に、古びた木造の家があった。治さんの家と似たような、二階建ての民家だが、屋根や壁がだいぶ傷んでいた。

立ち上がって家のそばまで行くと、彼を追って鬼役の子もやってきた。

「こんなところに家が……。いったい誰が住んでいるんだろう?」

「院長先生じゃない?」

二人して興味津々で眺めていたら、二階の窓のカーテンがシャッと開いて、窓ガラスの中に、分厚い唇に真っ赤な口紅を塗りたくった厚化粧の女が現れた。

真っ白な顔、どぎつい口紅と頬紅、真っ黒な眉とアイライン。まるでピエロのようだが、当時の看護師に特有の白いナース帽を被り、白衣を身に着けている。

それが、般若のような険しい表情で、治さんたちをキッと睨《にら》みつけた。

二人揃って悲鳴を上げ、逃げ戻ろうとして、植え込みに頭から突っ込んだ。

ズボッと植え込みから抜け出たところ、そこに、ふつうの年輩の看護師が腕組みをして待ち構えていて、「何してるのっ」と二人を叱りつけた。

「こんなところで遊んじゃだめでしょ！」

「向こうに家があって、お化粧したナースがいた……」

「ナース？」と彼女は唇を震わせて「あれは何年も前から空き家で、誰もいません！」

「嘘じゃないよ。白く塗った顔に真っ赤な口で、二階から怖い顔で睨んできた！」

「そんなわけないでしょ！　もう二度と、この辺で遊んじゃいけませんよ！」

シッシッと追い払われて、それきりその病棟の裏には行かなかったが、今にして思えば、あの年輩の看護師も何かに怯えていたようだった、とのこと。

第一五話　変な客

袖ヶ浦は昔から千葉有数の観光地で、旅館やホテルも多い。整体師の則昌《のりまさ》さんは、同じく整体師である兄の施術院に籍を置きつつ、複数の宿泊施設と契約して、出張マッサージを請け負っている。鍼灸師の資格も持っていて整体師歴二〇年の彼は腕が良く、信頼も厚い。

四、五年前の九月、お彼岸の頃に、馴染みのホテルから奇妙な依頼を受けた。

「変なお客さんですが、害はないので、注文に応えて差し上げてもらえませんか？」

ホテルマンが「変な客」呼ばわりするとは、よほどのことだ。……たまに性的なサービスを期待してくる客がいる。しかし彼はその手の客の断り方なら心得ていた。また、筋肉質の大男でもあったから、危ない目には遭わない自信があった。

それに、件のホテルには贔屓にしてもらっていた。だから快く引き受けたのだが。

フロントマンに聞いた客室へ赴くと、部屋へ入るや否や、その客はドアを閉めて施錠した。

通常、施術中の客室は、ドアを開けておくものだ。

ギョッとしたが、確かに「害はない」相手に見えた——ガリガリに痩せさらばえた老婆だったのだ。長い白髪が半ば顔を覆い、落ちくぼんだ眼窩《がんか》の奥から、時折、上目遣いに鋭い眼差しを向けてくる——昔話の鬼婆さながらの外見とはいえ、非力な老人には違いない。

注文も無難で、「椅子に座っているから、肩だけマッサージして」と言われて、彼は大いに安堵した。すぐに、椅子に腰かけた老婆の背後に立って、肩を揉みはじめた。

老婆は世間話を好まないタイプのようだった。骨ばった肩をマッサージしているうちに、彼は少し退屈を感じて、周囲に視線をさまよわせた。

すると、すぐ横の壁に、自分の影が影絵のように映っていた。

老婆の影が映っていない。空っぽの椅子の上で彼の両手が踊っていて、シルエットだけ見れば、あたかも宙を揉んでいるかのようで――思わず「ヒッ」と声が漏れた。

「延長してくださいね」と、そのとき老婆が彼に命じた。腰が引けた彼の気持ちを読んで、すかさず退路を塞いだような、そのタイミング。「肩だけでいいので、あと一五分！」

――長い長い一五分が過ぎると、老婆は「廊下でお待ちください」と言った。

廊下に出た彼の背後でバタンとドアが閉まった。催眠術にかかったような心地で、ドアの前に呆然と立ち尽くしていたところ、しばらくしてドアが細く開いて、隙間からニュッと、骨に皮を張りつけたような老婆の手が出てきて、千円札の束を差し出した。

受け取るや否や、礼を言う間もなくドアが閉じた。後で数えたら、きっちり規定料金の通りだったそうだ。散々怖い思いをして……割に合わない話である。

第一六話　上がれ、上がれ

三年ほど前から何度か拙著にご登場いただいている澄夫《すみお》さんは、今年還暦を迎えた。

彼は盲目だが、失明からおよそ一八年が経ち、スマホやパソコンといったデバイスを自在に使いこなしている。自立した生活を送ってきたが、ここ一、二年は次第に体力の減退を感じはじめ、ことに、今年二月に老母が亡くなってからは病気がちに……。

特に心臓の持病は悪化するばかりで、とうとう手術を受けることになった。

六月から約三ヶ月間に及んだ入院中には、トイレの個室にいるときに耳もとで「すみません」と知らない女の声がしたり、部分麻酔で行う心臓カテーテル手術の最中に血栓が発生、意識を失った途端に、小川が流れる花畑に降り立ったりと、さまざまなことがあったという。

「彼の世《あ》を見てきた人たちが、綺麗な花畑や川の話をしますよね？」と彼は私に笑いながら言ったものだ。「まさに、その典型的な景色を見ましたよ！　赤や黄色の草花が咲き乱れる野原にいて、足もとに清らかな小川が流れていたので、川を渡ろうとしたら、むんずと襟首を掴まれて後ろに引き戻されまして……気づいたらＩＣＵにいました」

先頃死んだ母に、子どもの頃、あんな風に首根っこを掴まれたことがあるとのこと。

「五、六歳のとき車道に飛び出そうとしたら、ね……。今回も母のお蔭で命拾いしました」

澄夫さんによれば、ご自身を含め、目が見えない者には霊感の持ち主が少なくないという。「今回死にかけてから霊能力がパワーアップして、会話している相手に霊が憑いていると、その姿が脳の中で像を結ぶようになりました。見えないのに、そういうものは見えるんです」

つい最近も、鍼灸師をしている友人とスカイプで会話しているときに、その人の右隣に二〇代後半ぐらいの女がいるのがわかった。「女が横にいるぞ」と伝えると、「右肩が重いんだ」と友人は応えて、「上がれって命令したら成仏してくれるかな?」と訊ねた。

試す価値はあると澄夫さんは思い、「二人で声を出して念じてみよう」と提案した。

そこで、「上がれ、上がれ!」と二人で繰り返し唱えながら念じたところ、友人の隣から女の気配がたちまち消えた。友人も「急に肩が軽くなった!」と喜んだ。

しかし数日後、その友人が「こんどは左肩に何か憑いているようだ」と相談してきた。

確かに、友人の左肩には、年老いた男がしがみついていた。

「上がれ、上がれ」と、再び二人で声を揃えてやってみた。

すると男の霊は消えたが、同時に、友人の母がバッタリ倒れて急死した。

友人は「たぶん左肩の男は数年前に死んだ亡父で、母を連れていったんだろう。でも、母は九〇歳だったから寿命だよ」と澄夫さんを慰めたが、彼は罪悪感が拭《ぬぐ》えずにいる。

第一七話　保育園の心霊写真

元保育士の春未《はるみ》さんは二〇代半ばの現役当時に、心霊写真を見たことがあるという。

今から一五年ほど前、春未さんたちは保育園の同僚同士でよく集まっていた。女性の同僚Aの家が二階建てで比較的広く、うってつけの溜まり場になっていたのだ。週に一、二度、時には泊りがけで、三人ぐらいで連れ立って押しかけていたが、遊んでばかりというわけでもなく、真面目な勉強会を行うときもあった。

その夜は、春未さんを含めた保育園の同僚四人で、Aの短大時代の同級生Bの話を聴くことになっていた。

Bは、春未さんたちとは別の園の保育士。彼女の園では登山教室を開いたのだという。春未さんたちの保育園では実施したことのない行事だ。Aは「Bさんの経験を参考に、うちの園でも何か新しくできるかもしれない」と話していた。

やってきたBは大人しい印象で、そして、なぜか沈んだ表情だった。

「良いお手本にはならない」と彼女は言った。

「最初から無茶だったのよ。那須高原の国民休暇村に一泊したのだけれど、行きがけに園長先生が足首を骨折してしまって。引率係が園長先生と私ともう一人しかいなかったから、本当に大変だった。男は園長だけだったし……」

参加した子どもは、五歳以上の年長クラス十数名のみ。とはいえ女性保育士二人で監督するのは大変なことだ。しかも保護者に配る写真も自分たちで撮らねばならなかった。

「カメラマンを頼まなかったの。サンプルを持ってきたけど、私もまだ見ていないのよ」

Ｂはそう言って、みんなで囲んでいるテーブルの上に紙焼き写真を並べた。

――そのうち一枚に怪しいものが写っていた。

建物の中で撮った集合写真だが、子どもたちの顔がどれも歪《ゆが》んでいるのだった。どの顔も、搗《つ》きたての餅を伸ばしたかのように、てんでな形に曲がっており、手ブレとは思えない。

「この写真、みんなの顔がぐちゃぐちゃになっていて、怖いですね」

そう言いながら手に取ってよくよく見たら、子どもたちの後ろに、巨大な顔の上半分が、半ば透き通りながら写り込んでいた。鬼のような形相で双眸《そうぼう》が緑色に光っている。

春未さんは悲鳴を上げて写真を放り出した。

するとすかさず、彼女のすぐ横の壁と天井が同時にバキッと音を立てた。板が割れたか柱が折れたかと思ったが、見ればなんともない。一同騒然となり、その夜はお開きになった。

問題の写真は、Ｂが勤め先の保育園の園長に見せた。すると園長が、個人的に頼んだ霊媒師に写真を預けてしまって、その後どうなったかはわからない。

第一八話　保育園の心霊写真（後日談）

前項の心霊写真を園長が霊媒師に見せたところ、不思議な警告を受けたという。

「顔が歪んで写っている子どもたちには何も問題がありません。でも、園長先生とご家族は、体の左側に気をつけてください」

言われてみれば、彼が登山教室のときに骨折したのは左の足首だった。しかしそれは済んだことだ……と高をくくっていたら、彼の母親が転んで左腕をひどく擦り剥《む》いた。

さらに彼は、電磁パルス痩身マシンの機器トラブルで胸と腹に火傷を負った。

そして、体の右半分は綺麗に治ったが、左側には水玉模様のような変な跡が残ってしまったそうだ。

これ以上何かあったらたまったものではないと思った園長は、やられるのがなぜ左側なのか、また、難を避ける方法がないものか、件の霊媒師を問い質《ただ》してみたようだ。

しかし、その後、彼がどうなったか、私のインタビュイーの春未さんには確認のしようがないとのこと。

それというのも、春未さんとAのもとに問題の写真を持ち込んだ保育士のBが、しばらくすると、これに関することを一切、忘れてしまったからだ。

あの夜から一年ぐらいして、Aが、何気なく心霊写真と園長の災難について訊ねると、「なんのこと？」とBは怪訝《けげん》な表情になったという。

「ほら、私の同僚の春未ちゃんが、怖い写真を見つけた途端に壁や天井が鳴って……」

「Aさん、ちょっと待って。怖い写真って何？　春未さんって誰？　全然わからないわ」

Aは Bの記憶を蘇らせようと躍起になったが、何をどう説明しても、Bは件の写真を巡ることは何も思い出せず、「なんのこと？」と、ぼんやりした顔で繰り返すばかりだった。

第一九話　連鎖現象

町田駅はJRと小田急線が乗り入れる、都内多摩地域の主要駅の一つだ。乗降者数が多く、駅前にはタクシーが列を成す。ここでよく客待ちしている修二《しゅうじ》さんはこの道一五年のタクシー運転手。かつて彼は、同僚のAという男と同じ車を共有していた。

修二さんが在籍するタクシー会社では一台の車につき二人の乗務員が登録されていて、交代で運転するのである。法で定められた営業時間は日に二一時間まで。これを隔日で勤務するから、Aと修二さんが顔を合わせるのは、二四時間毎の交代に伴う二時間のみ。

それでも、付き合いが長くなるにつれ、お互いに親しみが湧いてきた。共に関東人、おまけに独身の中年男同士で、うまが合ったのだ。

Aと組んで五、六年目のことだ。その日も彼は、町田営業所の洗車場でAと落ち合った。土曜の早朝だった。Aは仕事終わりで、修二さんはこれから。車から降りたAの顔には、いつにも増して疲労の色が濃く、いきなり「変なものを見ちまった」と彼に言った。

何を見たのか訊ねると、あろうことか「貞子《さだこ》」と答える。

思わず吹き出したが、Aは大真面目で「本当だよ！　裸足《はだし》で、薄汚れた白いドレスを着た、長い黒髪の女で、『リング』シリーズの貞子そっくりだったんだから！」と言いつのった。

Aによれば、彼は午前一時に町田駅でサラリーマン風の男を乗せた。三〇代と思しき男で息が酒臭かった。男は「横浜の〇〇の方へ……」と行先を告げた。

〇〇は何度も行ったことのある新興住宅街で、カーナビを見るまでもないと思った。ところが、客が「近道がある」と言って、途中から道を指示しはじめた。

命じられるまま車を走らせると、《横浜市民の森》という看板と、黒々とした樹々のシルエットが見えてきた。この先は森と学校のキャンパスの間を通る抜け道のようだが、どうやら街灯がない。真っ暗なので、Aはヘッドライトをハイビームに切り替えた。

――すると、道の先に「貞子」がいたのである。

Aは悲鳴を上げてブレーキを踏み込もうとした。だが、客は「このまま行って！」と喚《わめ》いた。「運転手さん止まらないで！　飛ばして！　アクセル踏んで！」と大騒ぎ。客の剣幕も貞子も恐ろしくてたまらず、スピードを上げて問題の女の横を走り抜けたという。

修二さんは大笑いしたが、Aは翌日辞表を出して、間もなく退職してしまった。

半年後、偶然、修二さんは森と学校キャンパスの間の小径を、深夜、通り掛かった。ハイビームにすると、路肩に佇むAの姿を光が捉えた。映画の貞子のように深くうつむき、全身が薄汚れていた。悲鳴を放ち、速度を上げて、修二さんはAの横を通り過ぎた。

第二〇話　道端の幽霊たち

修二さんによると、心霊体験を持つタクシー乗務員は滅多にいない。

「怪談みたいな体験談を披露できればよかったんですが、あいにく僕もほとんど……」

ネタ日照りで難儀していた私は「ほとんど？」と喰いついた。

「では、少しは見たことがおありになる？」

「……まあ、ただの幽霊でしたら多少は。でも、道端で目撃したというだけで、お話するほどのことはありませんよ？」

「それでも構いませんから」と私は話をせがんだ。「道端の幽霊、結構じゃありませんか！」

「じゃあ……。一件は一〇年ぐらい前のことで……夜の一一時ぐらいに町田駅から二キロ南の住宅街でお客さんを降ろした直後、赤信号に引っ掛かったんです。横断歩道の前で信号が変わるのを待っていたら、左の方から男の下半身が歩いてきました。黒っぽいスーツの腰から下だけで、ビジネスシューズを履いて、ゆったりした歩調で横断歩道を渡っていきました。上半身は見えなくて、胴体の断面は真っ黒でしたね。黒く塗ってあるというより、ブラックホールというか……胴の断面に真っ暗な穴が開いているみたいでした。道を渡り終わる直前から上の方から姿が暗くなって、右の歩道に着くと同時に消えてしまいました」

「もう一件、お話ししましょう。三、四年前の午前一時頃、横浜北部斎場の火葬場の辺りで、若い女性の上半身を見かけました。……ええ、さっきのは下半身で、こんどは上半身です。顔色が透き通るように白い……白すぎて、なんだか少し違和感がある女の人が、道の端をこちらに向かってくるなぁと思って……よく見たら下半身がありませんでした。テーラードカラーのスマートなジャケットと白いブラウスを着た、お勤め風の二〇代の女性でしたが、腰骨の辺りから下が見当たらなくて、上半身だけ、宙に浮かんでいたんですよ。……その辺りは心霊スポットらしいんですね。タクシー会社の同僚も、そこで何か白い影を見たと言っていましたが、そいつも目撃しただけで、怪談にはならなさそうでしたよ？　この程度なら、誰しも一度や二度は経験があるんじゃないかなぁ？」

第二一話　臨時東京第三病院跡の標本

国立相模原《さがみはら》病院は小田急相模原駅から一・五キロ。現在、周辺は住宅街で、市立中学校と道路を挟んで隣接している。戦地で片腕切断の重傷を負った漫画家の故水木しげるは終戦の翌年、駆逐艦・雪風で浦賀港に入り、ここに入院したという。

同病院は、その前年まで陸軍直轄の野戦病院「臨時東京第三病院」だった。野戦病院とはいえ敷地面積は東日本最大と言われ、昭和天皇が行幸されたこともあった。

修二さんは現在四〇代で、彼の両親は共にこの近辺で生まれ育った。祖父母は臨時東京第三病院時代をよく憶えていた。彼自身も、戦時中の遺物だった木造の旧病棟の面影をおぼろげに記憶していたが、幼少期に潜り込んだことがあったような気がするという程度で、細部まで思い出せるものではなかった。

二〇代の半ば頃、修二さんはアルコール中毒を患った。酒に溺れ、日常が破壊されて無職になると、泥酔しては町を徘徊するようになった。道端で眠り、起きればまた酒を求めることを繰り返すうちに、実家住まいだったが、親兄弟に見放された。

その日も酔っていた。酒屋で買った安い焼酎を瓶から直にあおりながら、千鳥足で国立相模原病院のそばを歩いていたら、なんだか見覚えのある木造の建物に辿《たど》り着いた。

いつのまにか辺りは黄昏《たそがれ》で、名残の夕陽が窓ガラスに映っていた。木製の窓枠にフラフラと手を掛けると、ガタリと横にずれた。鍵が掛かっていないのだ。

彼は何も考えず、窓からその建物に侵入した。

薄暗い室内には奇妙な臭いが漂《ただよ》っていた。壁沿いに棚があり、ガラス容器が並んでいる。大小の瓶はどれも液体に満たされていて、それぞれ中に怪しい物が浮かんでいた。

ある一つの大きな瓶の前で彼は足を止めた。薄黄色い液体に一つ目の奇形児が浸かっていた。ホルマリン漬けの標本だろう。見開いた大きな眼は白く濁り、明らかに死んでいる。

だが、目と目が合ったと感じた。途端に、胸の奥に悲しみが流れ込んできた。……気づけば彼はその奇形児の標本を抱いて、声を放って泣いていた。

はたと我に返ったときには、だいぶ暗くなっていた。

ブヨブヨした蒼白い奇形児を、彼は見つめた。なぜこんなものを抱いていたのだ？　気味が悪くなってきて、それを元通りに棚へ戻した。

酔いはすっかり醒めており、そのときからなぜか一滴も酒を呑む気がしないという。

――彼が見た奇形児の標本と古い木造の建物は、酒が見せた幻だったのだろうか？。

第二二話　日光の老舗旅館　――大広間――

カメラマンの史昭《ふみあき》さんは、二〇代から三〇代の頃、つまり九〇年代から二〇〇四年頃まで、神奈川県の写真館に勤務しながら、一年あたり合計五ヶ月間あまりも、学校行事の撮影のために各地を飛びまわっていた。

京都、奈良、広島、長崎、沖縄、北海道と、全国をくまなく巡ったものだが、関東圏では栃木県の日光市に行く機会が多かった。

まだ駆け出しの頃、修学旅行の仕事のために日光の温泉旅館に滞在したときのこと。

団体バスの添乗員やカメラマンは、蒲団部屋に泊まらされることが多いが、そのときは添乗員二人と一緒に、大広間で寝ることになった。

大広間だから広くはあるが、ここで生徒たちが食事をするので、部屋の真ん中には何列もお膳が並べられており、空いているのは壁際の通路だけ。そこに蒲団を〝縦列駐車〟で敷いて寝ろというのだった。しかも配膳前に蒲団を下げに来るから、朝寝坊は絶対不可。

文句を言うのも面倒で、早々に蒲団に入り、すぐに寝入った。このまま目覚まし時計が鳴る午前五時まで……と思っていたら、深夜、物音で目が覚めた。

畳の上を誰かがすり足で歩きまわりながら、カチャカチャと瀬戸物の音をさせている。

眼を開く前に、その音だけで、旅館の仲居さんが、お膳の上に食器を並べてまわっているようすが想い浮かんだ。

日覚まし時計が鳴らなかったか何かで寝過ごしてしまったに違いないと思い、蒲団をはねのけて飛び起きた。

ところが室内は夜明けにしても薄暗く、枕もとの目覚まし時計を見ると午前四時。あと一時間は寝ていられる。仲居さんは……と音の方を見やると、結いあげ髪の着物の女が一人、お膳の列の間を歩きまわりながら、腰を屈めて両手で何かしている。

――空の茶碗や皿を無意味に動かしているだけのように見えた。

変な仲居さんだ、と少し憤慨しながら蒲団を引っ被って目を閉じた。

朝、あらためて目が覚めるとすぐに、添乗員たちにこのことを話した。すると、二人とも同じ音を聞いていたことがわかった。しかし着物の女は見ていないと口を揃えた。

その夜も、前夜と同じように三人で大広間に泊まった。まんじりともせず、やがて明け方近くなった――と、襖《ふすま》が開く音がして、間もなく何者かがお膳の食器を弄《いじ》りはじめた。

だが、今度は着物の女の姿は見えず、ただ、すり足と衣擦れと、カチャカチャいう音だけが未明の静寂に広がるばかりだった。

第二三話　日光の老舗旅館　――仲居さん――

その後、史昭さんは前項の老舗《しにせ》旅館に、年に七回、泊数にして一四泊以上も泊まることになった。小中高の修学旅行の宿として人気があったためだ。毎回、ときには独りきりで問題の大広間で寝て、その都度、未明になると、例の音が聞こえてきた――着物の衣擦れ、足袋の足で畳を擦る音、そしてお膳の上のものを弄る音――毎回同じで、慣れっこになった。

三年もすると、女将さんと旦那、番頭さんは無論のこと、主な従業員全員と顔見知りになった。

特に、一五歳から還暦過ぎた今まで仲居をしているというおばさんとは、今や気軽に話せる仲だ。今の女将さん夫婦だって若くはないが、彼女は先代から仕えているとか。

あるとき、彼女だったら何か知っているかもしれないと思いついて、大広間の怪異について訊いてみた。すると案の定、不思議そうな顔もせず、「あんたも聞いたんですか」と応えるではないか……。

「明け方には、少ぅし早い時刻でしょう？　こういう音ですよね？」

そう言って、そのときたまたま手近にあったお膳の上で、小皿を二枚、重ねてみせた。

「あれは、私が娘の時分から大広間だけに出る、罪のないお化けです。音が鳴るそばで見ていたことがあるけれど、どんなにカチャついても、実際のお皿は動いていないんですよ」お化けなど珍しくもないと言わんばかりの口ぶりだったから、ここには他にも怪しいモノが棲んでいそうな予感がした。そうしたところ、その翌月、駐車場を挟んで隣のホテルに泊まったときに、座敷童のようなものを見た。

隣に建つホテルの方は近代的なビルで、偶然あてがわれた部屋の窓から、この旅館の二階の角部屋が見えたのである。斜め上から見下ろす形で、座敷の方まで少し覗けた。

——そこに、おかっぱ頭の女の子がいた。

赤いズボンとレモンイエローの襟付きのシャツを着て、歳は三つぐらい。

畳にペタンと座って、外を眺めている。時刻は朝。なんの不思議もない光景だ。

ところが、夕方、宿に戻ってきたら、まだ同じ場所で同じように外を見ていた。

それでも変には感じなかったけれど、それから何度も、四、五年に亘《わた》って目撃するに至り、人間ではないと確信した。

そこで例のベテラン仲居に、あの子どもは何者なのかと訊ねてみたが、彼女は、「ああ、あの子ですかぁ……」と遠い目になっただけで、何も教えてもらえなかった。

第二四話　右目の女

カメラマンの史昭さんは、四年前に右目を失明した。眼球に生じた腫瘍が原因だった。

右目の視力を失ってから、時折、自分の右側に黒い人影が立つようになった。

振り向くと消えてしまうのだが、それで思い出したことが一つある。

二〇年ほど前に、日光のホテルで似たような人影を見たのだ。

ふと夜中に目覚めたところ、ベッドの右側の足もとの方に誰か佇んでいた。

部屋が暗いのでシルエットしか見えず、目鼻立ちなどはわからなかった。だが、なんとなく視線を感じて、さっきからずっと見つめられていたのだと直感した。

今、現れたばかりではないだろうと思う理由は他にもあった。辺りに、その人物が漂わせている良い匂いが垂れ込めていたのだ。

石鹸とシャンプーに、微かに乳製品じみた皮脂の匂いを混ぜたような……。

風呂上りの女の香りだと思った。

なぜか、洗い髪から水を滴《したた》らせた若い女の容姿が脳内に像を結んだ。

全然知らない女だが、どういうわけか、自分を憎からず想っているような気がした。

——この人は、自分が起きたら消えてしまうのではないか？

もう少し一緒にいたい。そう思って、ベッドに横たわったまま女の影と対峙しているうちに朝を迎えた。

陽が差してくるにつれて、影は薄らいでいって消えてしまったけれど、匂いはしばらく残っていた。

もしかすると、この部屋で亡くなった女がいたのではないかと思い、部屋中くまなく手掛かりを探してみたが、お札一枚、見つからなかった。

――今、盲《めし》いた右側に佇む影が、あのときの女のような気がするときがあるのだが。

第二五話　山の御寮さん　――吉野の寺――

喜美《よしみ》さんは私と同い歳の五五歳で、取材時は電力会社の寮母をなさっていたが、三〇年近く尼僧として山寺で働いた経験を持つ。

仏門を志したのは一五歳のとき。幼い頃から喘息《ぜんそく》に苦しみ、三歳のときに空気の良い奈良の吉野郡に引っ越してきた。家は山寺の境内に隣接しており、親切なお坊さんたちとラジオ体操をして育った。ごく自然な流れで、仏教系の高校に進学したのだという。卒業と同時に担任教師の推薦で比叡山《ひえいざん》に入り、まずは天台宗の寺で修業した。

天台宗は、真言宗と共に平安仏教と呼ばれる。唐で中国天台宗を学んだ最澄が比叡山で開いたのが天台宗で、主な経典は法華経。一方、真言宗の宗祖は唐から密教を持ち帰った空海で、高野山を本拠地とする。

喜美さんは、最初に天台宗で学び、思うところあって高野山に移り、得度して高野山真言宗の度牒《どちょう》を授かった。度牒とは、得度証明書、つまり僧侶のライセンスだが、真言密教の僧は、さらに四度加行《しどかぎょう》、伝法灌頂《でんぽうかんじょう》といった厳しい修行を積んで高みを目指す。

しかし喜美さんは四度加行の最後に負った怪我が原因で敗血症に罹《かか》り、長期入院を余儀なくされた。後遺症も残ってしまい、周囲の勧めもあって、故郷の吉野郡に戻ったのだった。

吉野では実家近くの寺に住み込んで、住職の世話や裏方の手伝いをすることになった。

吉野といえば桜が名物だが、到着したのは冬。女子寮は、戦後に建てた木造の二階建てで、木枯らしが吹くと窓枠がガタガタ鳴った。トイレは汲み取り。住み心地には期待できないと思っていたら、着いて早々、住職が「ここは居るからな」と彼女を脅した。

「何がです？」と訊くと、「幽霊」との答え。

その夜、寺の女子寮の台所で、机に向かって書き物をしていたところ、にわかに冷気に包まれたと思ったら、何者かが右の耳もとで「チッ」と鋭く舌打ちした。

飛び上がって振り向くと、誰の姿もない。自室に駆け戻って蒲団に潜り込んだが、悪寒がして、夜が明ける頃には起き上がれないほど具合が悪くなってしまった。

だが、朝の五時頃、突然、足音も高く住職がやってきて「開けるぞ！」と言うや否や、窓を勢いよく引き開けたところ、一陣の風が吹き込み、途端に気分が良くなった。

住職によれば、つい先日、亡くなった檀家のご婦人がここに来ているとのこと。

「孤独死されてなぁ。他所《よそ》に嫁いだ一人娘がイケズで、ただで葬式をしてやると申し出たんやけど、お骨も持って来ん！　うちの寮母と仲が良かったから、会いに来とるんや」

年老いた寮母にこの話をすると「あの人なら大歓迎や」と喜んでいた。

第二六話　山の御寮さん　――名宿の死――

喜美さんが身を寄せた吉野山の寺は曹洞宗で、真言密教で修業を積んだ彼女には戸惑うことも多かった。この寺は、平家一門によって創建されたと伝えられ、平氏伝来の薬師如来を奉っていた。再び修行をやり直しつつ、住職の仕事を助ける日々――。

二〇年あまり前には、住職に言われて地元の旅館に手伝いに行かされたこともあった。

その旅館は元は華族の別荘だったそうで、室内装飾に菊の御紋が施された客室があった。広大な敷地と天然温泉を有し、名宿と呼ぶにふさわしい老舗だったが、最近になって経営が傾き、まともに人を雇えなくなった結果、檀那寺に助けを求めた次第だ。

行ってみれば、桜の季節で、客室棟が雲海を望む高台に建っていたことから眺望も素晴らしく、こんな立派な宿が立ち行かなくなりそうだとは、にわかには信じがたかった。

しかし、しばらくすると、女将の一家が、深刻な問題を抱えていることに気がついた。

あるとき、廊下を通りかかると、蒲団部屋から幼い子どもの泣き声が漏れていたが、戸を開けると声が止んで、軽い足音が床の間の方へ駆けていき――追いかけていったところ、そこに子どもの玩具や人形、子供服を入れた衣装箪笥が置かれていた。

古参の仲居に聞いてみたら、それらは女将の孫の遺品だという。

数年前、避暑に行った軽井沢で、幼くして車に轢《ひ》かれて死んだのだが、そのときハンドルを握っていたのが父親、つまり女将の長男。

長男は跡取り息子として甘やかされて育ち、優しい人柄が取り柄だった。事故とはいえ我が子を殺してしまってから、彼は心を病んだ。

「……それが今の社長です。あんたさんも、社長のオデコを見たやろう？」

そう言われて、喜美さんは、社長の額に気味の悪い瘤《こぶ》があったことを思い出した。

「すっかりおかしなって、自分で剃刀でオデコを切り開いて金の観音像を埋め込んだんや！　奥さんが逃げ出して、離婚や。それで愛人と再婚したら、それの連れ子がヤクザの舎弟やってん」

ガラの悪い連れ子の関係者が押し掛けるようになり、旅館の評判は地に落ちた。

こんな話を聞いてから一年ぐらいして、女将が脚立から落ちて首の骨を折り、亡くなってしまった。すると社長が何処かへ雲隠れしてし、旅館は閉館、喜美さんと縁が切れた。

子どもの泣き声は、それまで昼夜を問わず、たびたび聞こえてきていた。

無人となったかつての名宿で今も泣いているのか、あるいは、女将を連れていったことで静かになったか……。

第二七話　山の御寮さん　――憑いてきたもの――

一〇年ほど前、喜美さんは癌を患い、治療のために吉野山を下りた。

完治が難しい見込みだったことから、以後、僧として働くことはあきらめた。

とはいえ、お寺以外の世界を知らない。不安だったが、幸い、寛解《かんかい》して体力が戻るとすぐに、山梨県の、とある寺院が運営する児童養護施設に就職できた。

ところが、住み込みで働きはじめた矢先に、夜ごと怪異に悩まされるようになった。

原因は、その寺の境内で出土した人骨と防空壕にあった。

住職の家族が住む家を新築することになっていて、ちょうど喜美さんが来た頃に工事が始まった。家の土台を建てるために地面を掘り起こしたところ、そんなものが出てきたのだ。

第二次大戦の頃の防空壕と人骨だった。

空襲後に仮埋葬したまま改葬されなかった犠牲者の遺骨だと思われ、事件性はなかった。

しかし何体も掘り出され、しかも子どもの遺骨ばかりだったので、嫌な感じがした。

それからというもの、日没と共に骨が埋まっていた工事の穴から、泥に塗《まみ》れた子どもの集団が這いあがってくるようになった。

――もちろん彼らは幽霊で、霊感のある者にしか見えない。

残念ながら、喜美さんには見えた。

しかも、見えることが相手にも伝わったのか、夢枕に子どもたちが立つようになった。

この寺の児童養護施設は、終戦後に戦災孤児を大勢引き取ったことから始まったそうで、経営方針は今も当時と変わらぬ善意に貫《つらぬ》かれており、たいへん良い職場だったのだが……。

安眠できず、次第に体調が思わしくなくなって、四年前に転職した。

今度の職場は電力会社の社員寮で、お寺とは関係がない。

「それで私は度牒を高野山に返して、俗世に戻って参りました。前の仕事を辞めてすぐにお山へ行ったのですが、途端に肩からビュッと悪いものが抜け出して、爽快な気分になりました。前の職場から憑いてきたものが、あのとき離れたのだと思います」

第二八話　十四烈士の碑

三、四年前に、十四烈士の碑にまつわる「赤い樵」という話を書いたことがある。

十四烈士の碑は、拙宅から近い代々木公園にある。「赤い樵」の作中に登場する政宗《まさむね》さんの体験談の舞台が近所だったのは偶然で、縁があると思い、取材後しばらくの間は、度々、十四烈士の碑を訪ねて、ここで亡くなった方々を悼んだものだ。

ご存知の方もいると思うが、この場所では、終戦直後に政治結社・大東塾の塾生一四人が自刃して、壮絶な最期を遂げた。

正確な碑銘は「十四烈士自刃之處」で、そこには「建碑に当っては米軍進駐前に採取した血染の砂が碑の下に納められてゐる（原文ママ）」と記されている。

政宗さんは若い植木職人だった当時に、この石碑のすぐ横に生えていた銀杏の大木を伐り倒した。渋谷区から伐採を請け負ったので仕方なく伐ったのだが、その直後から、食べ物が喉を通らなくなった。現場に居合わせた区の役人は痩せ衰えて退職した後、消息を絶った。

政宗さんは、母方の一族が信心する稲荷神と、とある霊能者の力を借りて助かった。

——と、まあ、私は、そんな話を書いたわけだが、最近は滅多に十四烈士の碑に足を運ばなくなっていた。

ところが今年に入って、立て続けに二件も、十四烈士の碑に関わる体験談を傾聴した。

一つは、趣味の昆虫採集のために代々木公園に行ったという三〇代の女性から聴いた。

――夏の夜一〇時頃、自転車で代々木公園に来て、十四烈士の碑の付近で虫捕りをした。目当てのカブトムシが採れたので、帰るために小径に出たが、歩けども歩けども出入口に着かない。代々木公園は広大で、複数の出入口があるが、彼女が目指していた駐輪場のある西門は、十四烈士の碑から近く、歩いて五分とかからないはずなのに。

だんだん怖くなってきたそのとき、小径の先に黒い男の影がひょっこり現れ、先に立って歩きはじめた。ついて来いと言われた気がして、後を追いかけていったところ、あっという間に西門に着いたが、同時に男の影は見えなくなってしまった――という話だった。

もう一つは、代々木公園のドッグランをよく利用している愛犬家の女性が、あるとき、ふと思いついて十四烈士の碑を訪ねたら、遠目には黒っぽい煙に見えるものがある。近づいてみると、無数の黒いアゲハ蝶が、石碑の上を飛びまわっていた――この体験者の可南《かな》子《こ》さんからは、もう一つ不思議なお話を伺ったので、次に綴ろうと思う。

第二九話　愛犬家の妬み

可南子さんが去年まで働いていた都内の動物病院は、犬の整体を売りにしていた。

院長は獣医師でありつつ、ドッグ・アジリティ（犬の障害物競走や徒競走といったスポーツ）のハンドラーで、犬の整体もアスリート犬のために学んだとか……。国内外のドッグ・アジリティ大会の入賞経験も豊富なことから、彼には多数のファンがついていた。

ここに勤める二〇代の看護師と、五〇代のパートタイマーAも、院長の信奉者だった。

Aはドッグ・アジリティに出場した経験があり、以前から愛犬を伴って通勤してきていた。

院長自身も五頭の飼い犬を連れてきていたので、ここでは不自然なことではなかった。

看護師も仔犬を飼いはじめると、院長の助言を受けるために連れてくるようになった。

看護師の仔犬は、賢くて聞き分けがよかった。

パートタイマーのAの犬は物覚えが悪く、躾《しつけ》がうまくいっているとは言えなかった。

院長が看護師の仔犬を褒めると、Aは嫉妬して、看護師と仔犬に辛くあたるようになった。

院長が見ていないところで、足払いをしたり餌をやらなかったり……。それは、やがて可南子さんも知るところとなったが、まだ三〇代で勤めはじめて間もなかった彼女には、二〇歳も年上の先輩であるAに何か進言する勇気はなかった。

やがて、看護師と仔犬が揃って咳をしはじめた。

するとAは嬉しそうに「きっとコロナよ。死なないといいけど」と言い放った。

もしもそうであれば同僚である自分たちも要検査で、保健所に届け出る必要もある。

院長が看護師に確認したところ、検査結果は陰性だが、咳の原因がわからないとのこと。

そこで院長自ら、看護師と仔犬を診察しに行った。

そして病院に戻ると、パートタイマーのAに自宅待機を命じた。

院長曰く、自分には霊感があり、看護師の中にAの邪念を感じたという。

「パートのAさんの夫は東南アジアの呪術の研究者なんだ。彼女、お連れ合いから変な呪いを習ったんじゃないか？　何にせよ僕が解いてやったから、さて、どうなるかな」

翌日、看護師が仔犬を連れて元気に出勤してきた。入れ替わるように、Aの夫から妻が肺炎で入院する旨の連絡が来て、Aはそのまま退職してしまった。

第二〇話　おいぬさま

可南子さんが勤めてた動物病院は、都内のビル一階にあった。

約三〇年前、開業するにあたり、貸しに出ていたところを院長が借りたのだ。

経営は順調で、どんどん患者犬が増えていった。

すると、そのうち「出入口のそばに白い犬がいる」という声が彼の耳に届きはじめた。

「先生、あの白い番犬はお利巧で優しい子ですね。いつも穏やかな表情で、黙って尻尾を振って歓迎してくれるので、病院嫌いなうちの子が、ここだけは怖がりません」

「この病院に来ると、犬たちが帰りたがらないので困ります。みんな、あの白い犬が大好きみたいで、そばから離れたがらず、来るたびに、出入口で引っ掛かってしまいます」

――不思議なことだった。彼は白い大型犬など飼っていなかった。

しかし院長自身も、ふとした拍子に、出入口の中に座っている白い犬を見かけるようになった。日本犬のようだが尾が巻いておらず、敏捷《びんしょう》そうな引き締まった体つきをしていた。

近づくと消えてしまう。

やがて、このビルの受付に貼ってあるお札に気づいた。

そこには、二頭の犬のようなものが描かれていた。「あの動物は何ですか?」と受付にいた管理人に訊ねると、武蔵御嶽神社の「おいぬさま」だと教えてくれた。

「御岳山で道に迷った日本武尊《やまとたけるのみこと》を導いた狼なんですって。このビルのオーナーさんは青梅市出身で、これを祀《まつ》っている武蔵御嶽神社を産土神として信心しているそうですよ」

調べてみると、武蔵御嶽神社の縁起には、確かに、東征した日本武尊《やまとたける》を白い狼が助けた旨が記されていた。白狼の力を認めた日本武尊は、これを大口真神として御岳山で魔物退治にあたらせた。そして大口真神は、時代を経るにつれ、魔除け・盗難除けの神「おいぬさま」として民衆に愛されるようになっていった。それが、あのお札の由来だったのだ。

――では、この病院の出入口で番をしてくれている白い犬は「おいぬさま」に違いない。

院長は感激し、可南子さんがここで働くようになると、さっそくこのことを話した。

彼女自身には一度も白い犬が見えなかった。

だが、犬を診せにくる飼い主の中には、それからも時折、白い番犬を褒める者がいた。

自己都合で退職してしまったが、今もこの動物病院はつつがなく営業しているという。

第三一話　なんだか嫌だった

オカルト好きなら「男鹿プリ」こと秋田県の男鹿プリンスホテルの名前を一度は耳にしたことがあるだろう。同所は全国的に有名な心霊スポットだ。一九六九年に男鹿温泉郷の高台に開業した往時は日本海の眺望と山海の幸が売りだったが、八一年に閉鎖、九五年には所有権は東京都港区の民間会社に移り、廃墟のまま四〇年あまりが過ぎた。

男鹿プリが心霊スポットと噂されるようになった原因は主に二つあり、一つは八三年五月の日本海中部地震の際に、臨時の遺体安置所として利用されたこと。

もう一つは、九九年七月に、ここの三階で男性の焼死体が発見されたこと。

――拓斗《たくと》さんが男鹿プリに行こうと誘われたのは、今から一五、六年前のことだ。

声を掛けてきたのは大学の同期で、物好きな仲間を四人集めたが、そのうち免許証を持っている者が自分しかいないから「おまえも車を出してくれると助かる」と言うのだった。

拓斗さんは気が進まなかった。オカルト的なものがなんとなく苦手だったのだ。

そこで「風邪がひどくて」と嘘を吐いたら、その友人は「怖いんか？」と彼を嗤《わら》った。

「馬鹿だな！　それっぽい写真やビデオを撮って、どっかに売り込もうってハナシだよ。まさか本当に出ると思ってんの？　ガキじゃあるめえし、幽霊なんて信じてんのかよ？」

こうまで言われると悔しくなって、拓斗さんは行く約束をしてしまった。

ところが、前夜から悪寒がしはじめ、当日の朝になると高熱を発した。

嘘が真になって、本当に風邪をこじらせたのだ。

これで男鹿プリ行きを断れると思った。ところが、ドタキャンするなら代わりの者を寄越せと言われた。幸い拓斗さんは、車を持っている同級生Aと親しかった。

最初、Aはかたくなに代理を拒もうとした。「心霊スポットなんて行きたくないよ」

「どうして?」と拓斗さんが喰いさがると、Aは「理由なんかない」と応えた。

「なんだか嫌なんだ。でも、いいよ。代わりに行ってあげる。感謝しろよ?」

――Aたち六人は、車二台に分乗して男鹿プリに行き、深夜、秋田市内に戻る途中で交通事故を起こした。先頭を走っていたAによる自損事故で、ハンドルを握っていたAは即死。

他の五人は無事だったが、男鹿プリで撮った画像は事故直後に捨ててしまったという。

特に奇妙なものが写っていたわけではなかったが、彼らは揃って「なんだか嫌な感じがした」と言っていた。拓斗さんは、Aを行かせたことを今も悔やんでいる。

第三二話　日本平の車

静岡県静岡市の日本平は関東有数の景勝地だ。内陸側に南アルプスを、駿河湾越しに富士山と伊豆半島を望み、ロープウェーをはじめとするインフラが整っている。日本夜景遺産に選ばれた清水港の夜景や、徳川家康ゆかりの神社、ゴルフ場、梅園など、観光資源も豊富だ。

三年前、当時二八歳の佑貴《ゆうき》さんは、女友だちと二人で、この日本平へドライブに行った。土曜の午後二時頃に到着して、あちこち見物したり飲み食いしたりして過ごし、帰途に就いたときには、とっぷり日が暮れていた。

「港町の夜景が綺麗なんだって」と佑貴さんは、助手席の彼女に話しかけた。

「街灯が少ないね」と彼女は言った。「ねえ、知ってる？」

「何を？」

「この辺の怪談話。怖い話が上手な芸人さんがユーチューブで話していたの。小学生の女の子が赤い車にはねられて死んじゃう事故があって……で、その場所に歩道橋が建てられたんだけど、その子の幽霊が歩道橋に現れるようになっちゃったんだって！　だから日本平では赤い車と女の子に注意しろっていう話！」

佑貴さんは「山頂にあった赤い靴の女の子像と事故の話が混ざっただけだろ？」と鼻で

笑った――野口晴雨作詞の『赤い靴』の少女とその母親が清水区出身であることから、日本平の頂上付近に母子を象った石像が建てられており、今日、彼女と一緒に見たのだった。

ちょうどそのとき、路肩に停まっていた緑色の車が前方にいきなり踊り出した。

「うわっ！　危ねえなぁ！　ちょっと脅してやろう！」

「よしなよ。煽《あお》り運転するようなガラじゃないでしょ？」

たしなめられても彼は止めなかった。彼女に強いところを見せたかったのだ。

それにまた、前を走るその車が、わざとらしくノロノロ運転をしはじめたせいもあった。

「こんにゃろ！」と彼は腹を立てて、ピッタリと真後ろにつけてクラクションを鳴らした。

すると、緑の車がハザードランプを点けて急停止した。

幸い追突は免れたが……。佑貴さんは車を降りると、拳を固めて大股で歩いていった。

だが、問題の車はもぬけの殻だった。ハザードが点滅しエンジンが掛かっている。しかし誰も乗っていない。

佑貴さんはその場で警察に通報した。

パトカーが来て、警察官の事情聴取を受けた。緑の車は、エアコンが点いており、すべての窓とドアが内側からロックされていた。そして、所有者には連絡がつかなかった。

――佑貴さんと彼女は、その後、疎遠になった。

第三三話　白蛇を解く

真悠子《まゆこ》さんが中学一年生のとき、同居していた父方の祖父が亡くなった。ほとんど苦しまずに自宅で大往生し、すでに高齢だったので、天寿を全《まっと》うしたのだと皆が言った。

その葬儀の最中に、小学生の従弟が急に高熱を発して倒れた。

そして翌日、従弟の母親にあたる叔母が電話を掛けてきて、水疱瘡《みずぼうそう》だったと告げた。

「真悠子ちゃんたちに伝染《うつ》してしまったかもしれない」と、叔母は母に警告した。

すると間もなく弟が、次いで真悠子さんも、従弟と同じく水疱瘡に罹ってしまった。

弟はすぐに快復した。けれども真悠子さんは重症で、日増しに熱が高くなり、発疹もひどくなるばかりだった。近所の小児科で処方された薬が効かず、枕から頭が上がらなくなって、やがて一〇日も経った。往診してもらったところ、今夜が山だと告げられた。

「朝までに熱が下がらなければ、入院の手続きを取りましょう」

――医者が帰ると、意識が朦朧《もうろう》としてきて、そこから先のことは母から後で聞いた。

「看病疲れが出て、いつのまにか真悠子ちゃんの掛布団に突っ伏して眠っていたみたい。しばらくして、体の下で蒲団が動いたので目が覚めたのよ。上半身を起こしたら、蒲団がボコボコ波打っていた。中で何かが蠢《うごめ》いているみたいに……。だから、てっきり真悠子ちゃんが身体を引っ掻《か》いているんだと思ったの」

水疱瘡の発疹を掻き壊すと痕が残る。女の子なのに、あばただらけになったら可哀そう。そう思い、慌てて掛け蒲団を捲り上げたところ、娘の細い体に真っ白な大蛇が巻きついていた。

「助けなくちゃって気持ちが先に立って、怖いと思う間もなく蛇を掴んで、あなたから引き剥《は》がそうと……。絡《から》みついていてなかなか離れなかったけど、少しずつ解いていった」

時間を掛けて、母は彼女を蛇から解放した。

そのときには夜が明けかけていた。青い曙光《しょこう》が、娘の穏やかな寝顔を照らしていた。

咄嗟に額に手を載せてみると熱が下がっており、直した覚えがないのに掛布団が元通りになっていた。そうこうするうち蛇はどこかへ這っていって、以来、現れたことがない。

「蛇はおじいちゃんで、孫たちを道連れにしようとしたのかしら？　それとも、あれは亡くなったおじいちゃんが遣わした我が家の守護神？　あなたを守っていたのかしら？」

白蛇の正体はわからない。だが、真悠子さんには、夢中で蛇を解いた母の愛は理解できた。

彼女自身が一男一女の母親となり、今年還暦を迎えたので。すでに母は鬼籍の人である。

第三四話　神のうち

昔、幼い子どもの命は儚く軽かった。現代人には信じがたいが、近世まで乳幼児の亡骸《なきがら》は墓に入れなかった。山や土間などに埋《い》け、御霊のみを村境の地蔵に祀るなどした。だから、「七歳までは神のうち」という言葉は、単に死に近いという残酷な事実をも表している。同時に、幼い子どもの神がかりな力を認める意味もある。子どもは人間界と神の世界の境にいる。これは本当だ。その証拠に、私のもとにも、子どもの体験談が多く寄せられる。

――真悠子さんの息子、慎矢《しんや》さんは言葉が遅かったが、三歳の誕生日に突然、異常にしっかりした言葉で話しはじめた。

「神戸で、アパートの二階にパパ、ママ、おねえちゃん、おにいちゃんと五人で住んでたのに、急にみんないなくなっちゃった。僕ね、お腹が空いたけれど我慢してたんだよ？泣かないで良い子にしてたから、お母さんとお父さんが迎えに来てくれたんだよね？」

このとき真悠子さんたち家族は、公団住宅の五階に住んでいた。息子は東京生まれの東京育ちで、真悠子さんは北海道の、夫は福岡の出身で、神戸には縁がなかった。

息子の下に今年一歳になる娘がいるが、「おねえちゃん、おにいちゃん」はいない。驚いていると、居合わせた真悠子さんの母が、「今日は一二月一七日よ！」と言った。

「慎矢ちゃんが生まれたのは一九九六年でしょ？　阪神淡路大震災の日だわ！」

するると、息子がまた口を開いた。

「帰ってみたいな。新幹線で大阪駅へ行って、そこから乗り換えて行くんだよ……」

母が何を思ったのか「おばあちゃんが神戸に連れていってあげよう」などと口走ったので、真悠子さんは「やめてよ！」と割って入った。

「小さな子の言うことなんだから、本気にしないで！」

「お母さん」と息子が落ち着き払った口ぶりで言った。「おじいちゃんがいないね？」

「バースデーケーキを切る前におじいちゃんも呼ばないと可哀そうだよ、お母さん」

「……おじいちゃんは六年前に亡くなったのよ？」

「毎晩、僕のベッドで添い寝してくれてるよ？　お母さんは妹ちゃんのお世話で忙しいから、寂しくても我慢しなさい、その代わり夜は一緒にいてあげようって言って……」

――つまり死んだ父の幽霊が、夜毎、息子を慰めにくるということだ。

彼女は背中に氷を突っ込まれたかのような寒気に襲われたが、

「僕の母方は、霊感を使って村人にご託宣を与えていた家系だから、これは血筋ですよ！」

と、夫が感激の面持ちで母に言ったので、この事態を受け容れるしかないと覚悟したとか。

第三五話　息子と夫と幽霊

真悠子さんの息子、慎矢さんには此の世ならぬ者たちの姿が見え、声が聞こえた。

幼い頃は人目を気にせず思ったことを口にする。すぐに周囲の知るところとなった。

ある日、真悠子さんが保育園に慎矢さんを迎えに行くと、担任の先生から「今日も慎矢くんが、ちょっと不思議なことを言いました」と話しかけられた。

「また何かありましたか?」と訊ねたところ、「はい。お昼ご飯の前に、みんなでお寺の公園に遊びに行ったのですが……」

この保育園のそばに、児童公園を併設している寺院がある。そこへ園児たちを連れていった際に、慎矢さんが柵の外を指差して先生に話しかけてきたという。

「男の人が赤ちゃんを抱っこして、こっちを見ているよ」

しかし、そこには誰もおらず、柵の向こうには寺院の墓地が広がっていた。

「たぶん慎矢くんには幽霊が見えるんですね。たまにそういう子がいるものです。嘘を言っているわけではありませんから、叱らないであげてください」

霊の存在を否定するタイプの保育園でなかったことは慎矢さんのためには幸いだったと私は思うが、真悠子さんの気持ちは微妙だった。

彼女には霊感がない。そのため、息子の理解者が増えるたびに孤独を感じた。「ふつう逆ですよね？」と彼女は苦笑していた。「うちの場合は夫も霊感持ちなので……」

慎矢さんが大学生の頃には、こういうことがあった。

夜の九時頃、一階の居間で夫とテレビを見ていたら、夫が突然ワッと叫んで立ち上がり、

「北海道のおばちゃんがテレビの後ろを通っていった！」

テレビと後ろの壁の間には人が入れる隙間などないし（そういう問題ではない）、北海道に住んでいる母方の伯母が、東京の我が家に急に現れるわけがない。だから真悠子さんは夫に何か言い返そうとしたわけだが、そこへ二階の自室にいた慎矢さんが走ってきて、

「誰かちょっと来て、帰ったね？」と二人に訊ねた。「玄関の音がしたんだけど？」

「北海道のおばちゃんだ」と夫が答えると、慎矢さんは「良くないね」と眉を曇らせた。

翌日、北海道の親戚から伯母の訃報が届いた。

「電話に出ないから、今朝、見に行ったら冷たくなっていたの！　昨夜二一時頃、心不全で……って検死結果がさっき出たのよ。昨日の晩には亡くなっていただなんて……」

伯母は昔から真悠子さんに目を掛けてくれていたのだが、肝心の彼女には何も感じ取れなかった次第だ。

第三六話　夢で、人が入る穴を掘る

二六歳のプログラマー、慎矢さんは、最近同じ夢を繰り返し見る。

夢では、彼は宵闇の森にいる。

土の匂いに包まれ、草むらでは秋の虫が歌っていて、最初は一人で樹々を縫って散策していたが、しばらくすると、見知らぬ若い男が後ろから追いついてきて、彼を呼び止める。

「すみません！　ちょっと待って。こっちに来て、少し手伝ってくれませんか？」

男は人の好さそうな顔つきをしていて、悪い人間ではないように思えた。

着古したトレーナーに膝の抜けたデニムのズボン、汚れたスニーカーといった服装で中肉中背。美形でも醜男でもなく、強《し》いて特徴を挙げるなら、手ぶらなことぐらいだ。

「こっち、こっち」と、ひょいひょいと手招きしつつ獣道みたいなところを歩いていくのでついていくと、ある場所で「ここだ」と言って立ち止まり、足もとの地面を指差した。

「この辺りに俺の死体が埋まっているので、掘ってほしいんです」

「よし、一緒にやろう」

「申し訳ないけど、俺は死んでいるから出来ないんです。ほら」と言って男は、そばに落ちていた枝を拾おうとしてみせた。「ね？　手がすり抜けた。ごめんなさい。でも、土が柔らかいから簡単に掘れるはずですよ」

仕方がないので慎矢さんは木の枝を使って土を掘った。たしかに耕したばかりのようで、とても柔らかい。腰ぐらいの深さまで掘り進めたところで穴から這いあがって、上から作業を見守っていた男に声を掛けた。

「だいぶ掘れたぞ。死体はどこだい？」

「ここですよ」

後ろから声がした。見れば、さっきの男が一瞬の内に移動して、穴の底に横たわっていた。

「俺は、ここにいますよ」と、あおむけに寝そべったまま、穏やかな口調で彼に言った。

——毎回そこで目が覚める。

あの森は、奥多摩か八王子の外れの山奥なのではないか。どうもそんな気がするが、はっきりした根拠はない。勘が中《あた》っていて、行けば場所がわかるかもしれないと彼は言う。

「あの男の幽霊が現れて、自分の死体のところまで僕を導いてくれると思うんです」

第三七話　甲斐の国の小学校

山梨県笛吹《ふえふき》市の古刹《こさつ》、法城山《ほうじょうざん》観音寺は、甲斐武田氏と関わりが深い。本堂に武田信成と信春親子の位牌が安置され、『甲斐国志』によれば三代目住職は信春の庶子だとか……。甲斐武田氏は、信春以降、信満・信重・信守・信昌・信縄・信虎と続き、《風林火山》の旗印で知られる武田信玄と勝頼に至る。観音寺は、信春のときに一度焼失し、信玄が再興したが、一五八二年、武田家滅亡と共に再び灰塵《かいじん》に帰した。

観音寺の受難は続き、さらに付近を流れる笛吹川の洪水にも何度も見舞われた上に、七夕空襲こと甲府空襲の被害も受けた。一九四五年七月六日から七日にかけて死傷者と行方不明者合わせて約二〇〇〇名を出した大空襲の際には、観音寺は犠牲者の弔いにあたり、大量に出た遺体の仮埋葬に立ち会った。

仮埋葬地に指定されたのは、境内に隣接した尋常小学校の校庭。ここは明治四年に創立した学校で、武田氏の頃には陣屋、後に代官所が建てられた跡地にあるのだが――。

「学校が出来る前は、校庭の半分ぐらいがお寺の墓地だったそうで」と、そこを卒業した一正《かずまさ》さんは嫌そうに顔をしかめた。「僕が花壇で位牌を掘り出したのは、そのせいです」

小四のとき、環境整備週間なる催しがあり、彼のクラスは花壇の模様替えを担当した。

花壇の柵を新調するため、古タイヤの囲いを取り除くことになり、彼はスコップでタイヤを掘り出す役目を負った。級友とスコップで土の塊《かたまり》を投げ合ってふざけていたら、彼が放り投げたとりわけ大きな土の塊が空中でパカッと割れて、中から位牌が現れた。

「位牌を取りに来たご住職から、昔はこの辺りまで墓地だったことや、空襲で亡くなった方たちのご遺体を一時的に埋めていた話を聞いて……だからかぁと合点がいきましたよ」

どういうことかといえば、一正さんたちの小学校には昔から怪談が言い伝えられていたほか、彼自身も小一のときに幽霊を見たことがあるのだという。

その頃はまだ明治時代に建てられた汲み取り便所が校庭の隅にあり、そこの個室で用を足していたら、窓から時代劇でしか見たことのないチョンマゲ頭の男が覗き込んできた。

しかし驚いて声を上げると、煙のように薄らいで消えてしまったとのこと。

さらに、その話を両親にしたところ、昭和一三年生まれの父からこんな話を聞いた。

「あの小学校は、俺の親父の頃は、武田軍の侍が化けて出ると言われていたそうだから、一正が見たのはそれだろう。それから、俺が小学生のときは、体育館の渡り廊下で女子が一人、神隠しに遭った。みんなで渡り廊下を歩いて移動していたら、いつの間にかその子だけ姿が見えなくなって、それから、その子の幽霊が渡り廊下に現れるという噂が立ったもんだ」

第三八話　テレポーテーションする凸凹コンビ

その日、一正さんは自宅から約一〇キロ離れた一〇〇円ショップに車で出掛けた。

今年七月の上旬に、彼が住む石和《いさわ》温泉の辺りでは、二日続けて豪雨が降ったときがある。ちょうどその二日目で、前日からの驟雨《しゅうう》が一向に収まらず、明日までに買いたいものがあったが、待っていても雨足が強くなるばかりだったので、午後四時頃に出発したのだった。

店に着くと、必要なものを手早くカゴに放り込んでいった。

店内には一〇分もいなかったと思われる。途中、ちょうど買いたいものがある陳列棚の前で、二人組の中年女性がグズグズしていて、少し邪魔だったが。

――印象的な凸凹コンビで、一人はピンクのカーディガンを羽織り、背が低くて太め。もう一人はグレーのジャケットを着て、痩せぎすで背が高かった。

正直ちょっと面白いと思ったせいで、邪魔ではあっても、腹が立たなかった。

女たちは二人とも、カラフルなレジバッグを肘に掛け、ビニール傘を持っていた。

彼女たちが棚の前からどいたので、一正さんは急いで買い物を済ませて車に戻った。

真っ直ぐ家に帰るつもりで、駐車場を出た。

六キロぐらい走ったところで、赤信号に引っ掛かった。

信号待ちをしていたら、傘を差した二人の女が後ろの方から歩いてきて、すぐ横の歩道で立ち止まった。

ピンクとグレー。小さくて丸いのと、のっぽで細いの。ビニール傘と派手なエコバッグ。一〇〇円ショップにいた凸凹コンビに違いなかった。

車で走ってきた自分に、徒歩で追いつけるわけがないのに……。

唖然としてしまったが、そのとき信号が変わったので、とりあえず発進した。バックミラーで確かめると、グレーの女が先に立って歩きはじめたようだった。

少しだけそのまま車を走らせた。しかし非常に気になった。さっきの女たちは、いったいどうやって移動したのだろう？　ここはバス通りではない。タクシーを使った？　だとしたら、この大雨の中、なぜ途中で降りたのか？　おかしいではないか……。

我慢できなくなり、Uターンした。ところが、道を戻っても、なかなか二人の姿が見当たらない。一キロぐらい引き返した辺りであきらめて、再び方向転換した。

家の近くの交差点で、また信号に引っ掛かって停止した。

すると、後方から人影が二つ現れて、車の真横で立ち止まった。

振り向くと、あのコンビが、横を向いて信号を待っていた。

第三九話　ねえねえ、釣れるけ？

一正さんが子どもの頃に地元の年寄りから聞かされた話には、川辺の怪談が多かった。

彼の地元は石和温泉で、住民にとって最も身近な川といえば笛吹川だ。

お彼岸に笛吹川で釣りをすると、後ろから甲州弁で「ねえねえ、釣れるけ？」と訊ねられる話は、祖父をはじめ近所の老人全員から聞かされて、飽き飽きしたとか……。

おきまりのパターンで、振り向いても誰もいないのだ。だからお彼岸には釣りをしてはいけないし、お盆の頃も笛吹川は避けた方が無難だと、年寄り連中から言い聞かされた。

笛吹川は七夕も避けるが吉という話もあった。

七夕空襲の直後には、湯気の立つ川面に、煮えあがったような遺体がいくつも浮いていた。

彼らは皆、此の世に怨みや未練を残して亡くなった。そのため、お盆になると笛吹川に戻ってきて、訪れた生者に取り憑こうとするのだ。

七夕の夜になると、防空頭巾の女が葦《あし》の間を走るという話もあった。もちろん彼女も、空襲の犠牲者の幽霊である。

笛吹川の支流の一つ、濁川《にごりがわ》にも、怖い言い伝えがあった。

濁川の上流には、明治五年まで使われていた刑場の跡地がある。江戸時代には、処刑した罪人の体を濁川に捨てていた。だから夜になると、晒し首にされた罪人たちが、頭を探して川の浅瀬を歩く。人のようだが、よく見ると首がないので、亡者だとわかったという。

――こんな話を聞いて育ったせいだろうか。一正さんは、川辺で妙なことが起きると、迷わず幽霊の仕業だと思うようになってしまった。

小五の夏休み、彼は、地元の児童クラブが計画した芦川渓谷のキャンプに参加した。自由行動の時間があり、一正さんは魚釣りをすることにした。渓谷の清流には、あちこちに自然の淵底が形づくられている。そういう淵にはヤマメが棲んでいるものだ。

――始めてから小一時間ほどで、太ったヤマメが四、五匹も釣れた。

あと一匹か二匹釣りたいと欲張って粘っていたら、すぐそばで藪《やぶ》が大きく揺れた。

咄嗟に、腰に吊るした熊よけ鈴の紐を握り締めた。紐を振って鈴をチリリンと鳴らす。

……と、藪の奥で何者かが「ふうっ」と溜め息を吐いた。

熊じゃない。人間だ。誰かが僕を覗いている。ゾッとして、その場を大急ぎで引き揚げた。

一週間後、今度は笛吹川で釣りをしたら、しばらく何もなかったが、黄昏時になると、後ろで足音がしはじめた。誰かが近づいてきたようだと思って振り返ったが、誰もいない。

二度、三度と、足音がするたびに振り向くうちに怖くなってきて、家に逃げ帰った。

第四〇話　首地蔵の祟り

石和温泉より北東にある丘陵地帯にも昔から温泉が湧き、今は鼓川《つづみがわ》温泉という日帰り入湯施設があって、人気を集めている。

一正さんは、自分もたまに鼓川温泉を利用しているが、行く途中の県道沿いに建っている首地蔵が怖いとおっしゃる。何か怪しい体験でもされたのかと思ったら、

「いいえ、首地蔵には不気味な言い伝えがあるから、何かおっかない感じがするだけです」

それはこんな伝説だ——たぶん江戸時代のいつ頃か、雨が降り続いたときに、山から巨大な岩が転がり落ちてきて、少女と赤ん坊を圧《お》し潰してしまった。少女は「おみよ」といって歳は一二。赤ん坊の子守をよくする良い娘だった。その後、二人の命を奪った巨大な石から、すすり泣くおみよの声がしはじめた。また、近辺の村で生まれた赤ん坊たちが一斉に激しく夜泣きするようになってしまった。村人は「これは、おみよの祟りに違いない」と囁き合った。あるとき、この噂が旅の坊さんの耳に届いた。彼は徳の高い優れた僧で、困っている村人たちから死んだおみよと赤ん坊の話をくわしく聞くと、二人の御霊をねんごろに供養した。そして、石を彫って地蔵の首を作り、おみよたちの命を奪った岩に載せた。すると、すすり泣きが聞かれなくなり、村の赤ん坊も皆すやすやとよく眠るようになっ

たーー。

　これを聞いて「ふつうの民話じゃありませんか」と私は笑った。

「その旅の僧は、もしや祐天上人《ゆうてんしょうにん》ではありませんか？　江戸時代の怪談で怨霊を鎮めるお坊さんといえば、八割方、祐天上人ですからねぇ」

「いやいや！　そんな作り話じゃありませんよ！　首地蔵は本当にヤバいんです！」

　一正さんはそう言って、「昭和の頃に……」と話しはじめた。

「全国的に景気が良かった時期があって、この辺りでも観光資源や住宅地の開発が進んで、県道を拡張することになりました。そうなると首地蔵が邪魔だ。だから石材店に頼んで撤去させようとしたんですって。そうしたら首地蔵の岩に触った石材店の人が高熱で倒れちゃって、祟られるからやりたくないと言いだした。でも、そういうわけにもいかず、関係者一同、困っていたところ、道路の反対側に移せば、カーブの具合から、岩があっても邪魔にならないというアイデアが出された。……で、首地蔵を道のあっちからこっちへ移動させたんですが、そのときも重機の事故で作業員が重傷を負ったそうですよ」

　お話を聞いてから首地蔵の写真を見せていただいたところ、なんとも不気味に感じてしまった。丸い巨岩に対して、上に載せた地蔵の頭が均衡を欠いて小さすぎる。そのせいか、それとも彼の地に伝わる怪談を聞いてしまったためか……。

第四一話　親切なバイカー

三〇年以上も前の、二〇代の頃のことだが、当時、まだ開通して何年にもならなかった横浜新道のトンネルに幽霊が出たという話を聞いた。

地元のバイクショップで顔見知りの若い男性スタッフと話していたとき、なぜか身近な怖い出来事を披露しあう流れになったのだ。

「横浜新道に割と最近、トンネルが二つ出来たじゃないすか？　もう一年ぐらい経つけど、あの保土ヶ谷《ほどがや》トンネルの方を出たところで仲間がバイクで事故って、病院で死んじゃったんです。……そんで、四十九日に弔いツーリングで事故現場に行ったら、連れの一人が、目の前でコケちゃって。でも、そいつは運よく怪我がなくて、すぐ立ち上がってバイクを起こそうとしはじめたんですよ……と思ったら、急にそいつがバイクを放り出して『えっ？』て、キョロキョロしだして……で、『どうした？』って訊いたら、死んだヤツの声が耳もとで『大丈夫？』って言ったって！　しかも、つい最近、別の仲間が、同じ新道の常盤トンネルの方でコケたときも『痛くない？』って男の声がして、それは俺たちにも聞こえたんすよ！」

――これと似た話を最近お聴きした。

舞台は異なり、山梨県の出来事だ。

石和温泉の辺りにお住まいの一正さんは、一〇年前の夏の夕方、甲州街道で追突された。甲州街道と富士河口湖方面に伸びる国道の交差点付近に橋が架かっている。その交差点でバイクで信号待ちをしていて、後ろから来た原付に体当たりされて転倒したのだ。原付の運転手がよそ見運転をしていたのは明らかだった。だが、その原付は、あろうことか、横ざまに転んだ彼とバイクを尻目に、猛スピードで信号無視して逃げ去った。右のフロント・ウィンカーが割れて、路面に擦った膝がズキズキと痛んだ。

彼は、バイクを押して、橋の上によろよろと移動した。まずは安全な場所で気を落ち着けようと思ったのだ。国道は車が行き交っていたが、橋の方は空いていた。

橋の上で愛機のそばにしゃがみこんでいると、いつの間にかバイクブーツを履いた男の足が視界に入った。見ればヘルメットを脇に抱えた青年が佇んでいた。心配顔で、目が合うと「どうしたの?」と優しく訊ねてくれた。状況を説明しはじめたところ、すぐ近くで車のクラクションがけたたましく鳴らされて……目の前に友人の車が停まっていた。

「こんなところで、独りで何をしゃべってるんだ?」

友人に問われたが、咄嗟に言葉が出なかった。クラクションの音と同時に、ヘルメットを抱えた青年の姿が、画面のスイッチを切ったかのようにパチンと消えてしまったので。

第四二話　最後の尾行

フランスの作家、ソフィ・カルの作品で、彼女自身が実際に見ず知らずの人を尾行して書いた実験文学のようなものを読んだことがあったり、私自身も私立探偵の手伝いをした経験があったりするので、尾行の魅力について多少は知っているつもりだ。話せば長くなるから、尾行には支配欲を満たす快感が伴うと、いち経験者として告白するにとどめておく。

――丈次《じょうじ》さんは高一のとき、一学期の期末試験の成績が悪くて落ち込んでいたら、同級生の女子から「バカで暗くて顔までキモイ!」と、非常に心無い言葉をぶつけられた。

猛烈に腹が立ったので、彼は下校のときに彼女の後をつけた。

周りに人がなくなったタイミングで呼び止めて、精一杯、抗議しようと思ったのだ。

しかし、彼の家よりもずっと貧しげなアパートにとぼとぼと帰っていく彼女を見たら、抗議する気が失せた――だが、その代わりに、尾行の魅力に取り憑かれてしまったのだった。

折しも、翌日から夏休みだ。時間があるのをいいことに、丈次さんはさまざまな女の後をつけはじめた。

若い女なら誰でも構わなかった。声は掛けない。ただ家まで追いかけていくだけだったが、五人、一〇人と、尾行を重ねた。

やがて二学期が始まっても、彼の悪癖は止まなかった——これまでずっと家族や友人に内緒にしていたのだから、悪癖に相違なかった。

九月、創立記念日に彼は一人で映画を観に行き、その帰り道、可愛らしい少女に目を留めた。抜きんでて色の白い綺麗な顔に、真っ赤なフレームの眼鏡が似合っていた。どこかの制服を着ていたので、たぶん高校生だ。連れがおらず、一人で歩いている。

時刻は午後一時。たまたま彼の学校は記念日だから休みだったが、平日である。

あの子は早退したのだろうと考えた。連れがないのも、そのせいに違いない。

彼は、ときどき塀の陰などに隠れながら、赤い眼鏡の少女を静かに追った。

一〇分ぐらい尾行するうちに、空き物件が目に付く一角に差し掛かった。足を踏み入れたことのない場所だ。町の再開発のために区画整理が行われている旨を記した看板と、金網だらけだった。人通りが途絶え、まるでゴーストタウンのようだ。

少女は、廃ビルに挟まれた狭い路地に入っていった。追いかけていくと、一〇メートル先で道が突き当り、そこに一軒の廃墟があった。屋根が半ば崩れ落ちた木造の民家で、ベニヤ板で封鎖された玄関に、解体工事の予定日を示す貼り紙がされている。

少女の姿も、抜け道も発見できなかった——それで悪癖が治った。彼は尾行を止めた。

第四三話　夢と拉致

丈次さんには、二、三日起きに繰り返し同じ夢を見ていた時期がある。それは一年前の冬に急に始まり、半年も続いた。

彼は神奈川県で水道工事会社を営んでいるが、夢では、青い作業服を着て北関東の電子部品工場でライン作業に就いていた。同僚たちの訛《なま》りから、茨城か群馬のどこかであることは明らかだったが、なぜ、そしていつから自分がここで働いているのか、わからなかった。ただ、夢に特有のいい加減さで、それを不思議に感じることもなく黙々と作業している。

いつも、隣にいる同僚は、頭を丸坊主にした五〇年輩の男だった。丈次さんより一〇歳ぐらい年上のように見受けられたが、先輩という感じではない。

夢では決まって毎回、途中で自分たちの上司らしい太った女がやってきて、ダンボール箱の山を工場のこっちの壁際からあっちの壁際へ運ぶように丈次さんと丸坊主の男に指図する。夢だからか、これも少しも気にならないけれど、ダンボールの中身はわからなかった。

再びライン作業に戻って働いていると、窓から琥珀《こはく》色をした陽光が差し込んできて、「あ、黄昏だ」と思う。その直後、例の女の上司が走ってきて「早く出なさい！」と叫ぶ。

「早くしないと、この世が終わってしまう！」

たちまち作業員たちが出入口に殺到した。丸坊主の男が「あんたも急げ！」と怒鳴りながら彼の肩を叩いた。その拍子に持っていたドライバーを落とす——と、目が覚めるのだ。

こんな夢を半年も見続けて、うんざりしてきていたところ、ある日の夕方、出張工事の帰り道に人通りのない山沿いの道で車を走らせていたら、四人の男たちに拉致された。

四人が手に手に金属バットや鉄パイプを持ち「車から降りろ！」と彼に命じたのだ。多勢に無勢。下手に抵抗しても、窓ガラスを叩き割られて引きずり出されるのがオチだ。

仕方なく車を降りると、周りを取り囲まれた。

後ろに回り込んだ男が「歩け」と命令しながら背中をどついたので、反射的に振り向くと、それがなんと、夢に出てくる丸坊主の男だった。瓜二つだ。

呆気に取られ、思わずまじまじと顔を見つめたら「前を向け！」と小突かれた。

山沿いにいたはずなのに、すぐに波止場のような場所に到着した。倉庫が四棟あり、向こうに夕凪《ゆうなぎ》の海が広がっている。驚愕した瞬間、周囲の空気がふと軽くなった。

気づけば男たちが全員消えている。そこで、来た道を引き返すと二、三分で元の道に着いた。自分の車がエンジンキーを刺したまま停めてあったので、鍵を抜いて、もう一度、あの波止場を探しに行ったが、山が深くなるばかりなので、あきらめた。

第四四話　命日の立川行

去年の五月一日のことだ。その日は日曜日だったが、水道工事会社を経営する丈次さんは午前中から立川市で顧客と会うことになっていた。

川崎駅から立川行のＪＲ南武線に乗ろうとしたら、快速より先に普通電車が来た。時間に余裕があったので、そのまま乗り込んだ。そこは五号車だった——まったくの偶然で、このときは気に留めてもいなかった。後になって、別の車両にすればよかったと後悔したのだが。

時刻は九時を回っていた。途中で、揃いのジャージを着た若い女の子たちが大勢乗ってきた。運動部の女子高校生と思われた。部活で大会か何かあるのだろう。天気予報では今日は午後から雨が降るそうだから屋外競技だと気の毒だな……と思っていたら、中に一人だけ制服を着て黒いローファーを履いた子がいた。他の子と格好が違うので、ひどく目立つ。

マネージャーだな、と丈次さんは見当をつけた。

観察していると、他の子は体幹が鍛えられているようで、どこにもつかまらなくてもしっかり立っているが、制服の子だけは、電車が揺れるたびに倒れそうにふらついている。

——綺麗な女の子だけど運動神経が鈍そうだな。それとも体が少し不自由なのかしら。

あまりジロジロ見ては悪いので目を逸らしていたら、数駅目で、運動部らしい女子高校生が全員降りた。当然、制服の子も一緒に降りていったものと思った。

乗客の乗り降りが激しい駅だった。駅名を確かめたら、登戸《のぼりと》駅。

時刻は午前九時半ちょうどに、わずかに欠けるぐらい。

そのとき、乗客に押されるようにして、さっきの制服の子が、ドアの方から近づいてきた。

——他の子たちと一緒に降りなかったのか？

それにしても、ますます動作がおかしい。ふらついているどころではない。歩き方がギクシャクして……ゾンビのよう。おまけに丈次さんを見つめて、両手をこちらへ伸ばして向かってきた。

思わず身構えてしまったが、彼に触れる寸前に、ツーッと後ろに滑って降りていった。

そのとき、あの子は最初から手ぶらだった、と気がついた。

やがて立川駅に到着した。先方と約束した時刻まで、スマホを弄って暇つぶしをしていたら、一年前の今日のニュースが、なぜか目に飛び込んできた。

——二〇二一年五月一日土曜日午前九時半頃、川崎市多摩区登戸のＪＲ南武線登戸駅で、市内に住む高校三年の女子生徒・一七歳が、立川行の五号車と接触して、轢死《れきし》していた。

はからずも、彼女が命を散らした一年後の同日同時刻に、同じ五号車に乗っていたのだ。

第四五話　未亡人の追憶　――青い男――

神奈川県H市のマンションに暮らす画家の月恵《つきえ》さんは、夫の一周忌を迎えた。月恵さんが彼を亡くしたのは二〇二一年一一月下旬。享年は四九だった。結婚したとき夫は二九歳だったから、ちょうど二〇年を共にしたことになる。

夫はアメリカ人で、彼女より六歳年下だった。知り合ったときには商社に勤めていたが、結婚後は日本に移住して起業した。三〇代のときに投資で大成功し、夫婦共々、一生働かなくていいほどの財産を手にした。

それまでは夫婦で渋谷の外国人専用住宅を借りて住んでいたが、資産形成の意味もあって、横浜の新興住宅街に不動産を購入した。

そこはデザイナー建築の洒落《しゃれ》た家だった。吹き抜けや螺旋階段があり、バルコニーや広い庭が付いていた。

その家で暮らすようになって三年目、夫が入浴中に突然、大声で悲鳴を上げた。飛んでいくと、洗い場の壁に張りついて震えている。何があったか訊ねたら、素っ裸の女が二人、そこであられもない姿態を見せつけていると言って、空の浴槽を指差した。

頭がおかしくなってしまったのかと心配したが、その頃から夫は体が怠いと訴えるようになり、健康診断を受けさせたところ糖尿病が発覚した。

治療の甲斐なく病態は悪化、やがて糖尿病性腎症を併発して、遠からず透析せざるをえなくなることがわかると、彼は、この家を売ってアメリカに一時帰国したいと言うようになった。

そこで月恵さんは、「通院に便利な場所にマンションを借りましょう」と提案し、今も彼女が住んでいるＨ市のマンション団地に部屋を借りた。そして引っ越し前に夫を故国へ送り出した――それが二〇一五年三月。

一〇月に帰る予定の夫を独りで待ちながら、彼女は新居で春と夏と過ごした。

八月半ば、夜中の零時にゴミを捨てるために外へ出た。芝生と植栽で飾られた庭や駐輪場を横目に見つつ、五段ほどの短い階段を下りると、右の方にゴミ捨て場がある。

ゴミ捨て場は団地内の車道に面しているのだが、階段を下りきったところで、道幅をいっぱいに使って踊っている青い服の男が目に飛び込んできた。

バク転や片手頭立も交えた、巧みなブレイクダンスを繰り広げている。短髪、真っ青な長袖長ズボンの作業服、白いスニーカー。二〇代後半ぐらいの、精悍な顔つきの男だ。

ゴミを捨てて振り返ると、男は背中を向けて動きを止め、前方に体を倒しはじめた。

――ゆっくりゆっくり倒れながら、首だけを一八〇度も回して、こちらを向いた。

第四六話　未亡人の追憶　――再び青い男――

月恵さんが初めて踊る男を目撃したとき、彼女の夫はまだアメリカに里帰りしていた。

――首が真後ろに回り、しかも棒のように全身を伸ばした姿勢で、地面から二〇度ぐらいまで斜めに倒れられるわけがない。ダンスが上手なだけの、ふつうの青年に見えたが、あれは化け物だったのだ。そういえば、熱帯夜なのに長袖長ズボンだったのも奇妙だ――。

目撃した直後は、部屋に逃げ帰ってからも震えが止まらず、朝まで眠れなかった。

まんじりともせず、タオルケットを頭から被っていると、その日の昼間にあった変なことが思い返されてきた。

近所のコンビニへ行くときに、墓地の横を通る近道を歩いていたら、何かに左の頬を掌でさらりとひと撫でされたのだ。乾いた手の感触を、まだ憶えていた。

蜘蛛の巣が引っ掛かったと思うことにして、気にしないように努めていたのだが……。

それから一週間後、深夜二時にインターホンが鳴った。ここは入居者数の多いマンションの三階だ。誰かが間違えて押したのだろうと思ったが、インターホンのモニター画面には誰も映っていなかった。

やがて夫が帰国した。待ちかねた再会だったが、夫の病状は一段と悪化しており、すぐに週三回の透析が始まった。糖尿病性腎症は非常に厄介な病気で、生体腎移植も検討したが残念ながらドナーが見つからず、さらに、両足の指が壊疽《えそ》を起こした。

壊疽の手術から快復すると、医者は夫に散歩を勧めた。

彼は自尊心が高く、外見を気にする性質《たち》だった。杖をついてノロノロ歩く姿を近所の人に見られたくないと言い、深夜零時を過ぎた真夜中に一人で出掛けるようになった。

一時間足らずで帰宅するので好きにさせていたが、夏のある夜、二時間以上経っても帰ってこない。午前三時になり、電話しようとした矢先に、スマホに着信があった。

「オバケがいるから下りてきて！」

次いで、知らない男が電話を替わり「パトロール中の警察官です。ご主人が興奮して大声を出しています。マンションの下に来てください」と彼女に言った。

急いで行くと、夫は激昂した表情で「あの青い作業服の男が睨みつけるものだから、怒っていただけだ」と、彼女が以前、あれにグルリと首を回して振り向かれた辺りを指差した。

うなじの毛が逆立ったそのとき、警官が「本当だ。あそこにいますね」と言った。

彼女の目には、そこには誰の姿も見えなかった。すぐに警官も何か異常を感じ取ったようで、変に遠い目をして、お経か何かを震え声で唱えはじめた。

第四七話　未亡人の追憶　――沼――

青い男を見た頃から月恵さんの夫の壊疽が悪化し、結局、両脚とも切断を余儀なくされた。

二人は電動車椅子を買った。乗ったまま階段の上り下りが出来て、充電が完全なら遠出も可能な最新式だ。使い方を覚えると、彼は、月恵さんを家に置いて午後中ずっと暗くなるまで電動車椅子で外出するようになった。……だが、行先を聞いても教えてくれない。

夫には、元気な頃に近所のスポーツセンターで知り合ったカナダ人の親友がいた。あの人に会いに行っているのだろう。そう思って自由にさせていたのは、残り少ない彼の時間を奪いたくなかったからだ。腎症以外の症状もあり、長くないことは明らかだった。

その頃、真夜中に寝室の窓が叩かれたことがあった。月恵さんは気づかず、夫に揺り起こされたときには終わっていた。誰かが拳で叩くような音が二、三回したとのことだった。

翌日、夫の留守中に、寝室の窓ガラスがドンドンと大きく鳴った。確認しに行くと変わった点は見当たらない――そもそも、この部屋は三階なのだ。

両脚を失ってから夫は極端に無口になった。一度だけ、「お盆に里帰りしなくていいの？」と向こうから訊ねてくれたときは嬉しかった。「いいのよ、気にしないで」と応えると、彼は「僕は、死ぬ前に、もう一度だけ国に帰りたい」と言った。

実は、夫の両親は、彼が入退院を繰り返している間に相次いで病没していた。心身共に弱っている夫には知らせられないと思っていたが……。親の墓参りもさせずに死なせる罪も重い……。月恵さんは葛藤しながら、夫婦で渡米する準備を始めた。

しかし出立を目前にして、夫の病状が急変、緊急搬送へ……。糖尿病に起因する敗血症が進行しており、一〇日後、彼は病院で息を引き取った。

臨終直前、夫は苦しい息の下で「誰にも訃報を送るな」と遺言を残した。その言いつけに、月恵さんは忠実に従った。だが、それは彼の死を受け容れられないせいでもあった。

独りで葬儀を済ませた三日後、近所をあてどなく歩いていた彼女を、夫の親友が呼び止めた。そして「ハズは？」と訊かれると、彼女は「入院しているわ」と答えた。

そのとき「彼はいつも市立公園の沼にばかり行きたがったが、なぜ？」と質問されたが、わからなかった。夫と行ったことはなく、彼の故郷にも沼のような場所はない。

訪ねると、葦の繁る濁り水の湖沼で、岸辺に居合わせた見知らぬ人が「昔、ここで女性が入水自殺したそうです」と話しかけてきた。私の夫も死んだのです、と言いたい気持ちが高まったが遺言を想って堪《こら》え、ただ「そうですか」と応えて、彼女はその場を後にした。

第四八話　未亡人の追憶　――落鳥の祭壇――

月恵さんと夫は、H市に引っ越してくる前から小鳥たちを飼っていた。

ヨーロッパ十姉妹《じゅうしまつ》と錦華鳥《きんかちょう》という二種類の鳥を、合わせて二〇羽近く、家の中に放し飼いしていたが、あるとき夫が――死期が近づいた頃に――怖いことを言った。

「僕が逝くときは、特別に可愛がっていた子たち三羽を天国に連れていくけど、いいよね？」

すると、最期の入院中に、夫になついていた小鳥が一羽、また一羽と死んで、三羽目も彼の臨終前夜に亡くなってしまった。

未亡人となった後、月恵さんは小鳥たちと暮らしている。今飼っているのは一四羽。

朝は彼らのさえずりで目覚める。彼女の家には、止まり木や小鳥が好む遊具、小さな寝床は豊富にあるが、籠は無い――閉ざされた部屋の中が、彼らの王国だ。

王国の祭祀を司るのは月恵さんだ。誕生を寿《ことほ》ぎ、弔いの儀式を行うという。

「小鳥の知能はとても高くて、人語だけではなく儀式の意味まで理解できる子もいます」

家の中に一ヶ所、小鳥たちの集会所を設けている。そこで新しく生まれた雛のお披露目会やお弔いを行う。集会所の前に立ち、掌《てのひら》に雛《ひな》を載せて掲げると、小鳥たちが呼ばずとも集まってきて、一斉にさえずって寿ぐ。

葬送の際は、落鳥した亡骸を籠に入れ、棘のない薔薇の花を豊富に飾りつけて集会所に祭壇をしつらえる。

鳥の死を落鳥という。小型種は、落鳥しても亡骸が腐りづらい。乾燥した状態で密封しておけば、内臓や目玉などが干からびるだけで、臭うこともないそうだ。

祭壇の前に皆が集まった頃合いを見て、月恵さんは彼らに向かって「○○ちゃんは××（死因）で亡くなりました。一週間後にお寺で荼毘《だび》に付します」と厳《おごそ》かに告げるとのこと。

「一週間ぐらい亡骸を家に安置しておかないと、ちょっと賢くない子は死んだ仲間を探しつづけてしまいます。昔、すぐに荼毘に付していた頃に、三ヶ月も泣きながら連れ合いを探した子が居ました。鳴くのではなく、悲しみのあまり小鳥も泣くことがあるんですよ」

鳴き方や声色がいつもと違うのでわかるという。つまり彼女が執《と》り行う落鳥の葬儀は遺された鳥たちのグリーフケアを兼ねているのだ。

人間の原初的な宗教儀式も、人の生と死から生まれたのではないか。

ヨーロッパ十姉妹や錦華鳥の寿命は一〇歳から一五歳前後だそうだから、月恵さんの小鳥たちの宗教は人より速いサイクルで進歩するだろう――棘のない薔薇の祭壇で。

第四九話　ホワイトセージ

都内在住の聡美《さとみ》さんは四〇歳の独身会社員。九〇年代以降、今も続くスピリチュアル・ブームの影響を受けた世代で、深みにハマりはしなかったものの、念や浄化の概念やハーブを用いた簡単な儀式を生活に採り入れてきた。

ことにホワイトセージによる浄化は、手軽で残り香が良いので、気に入っている。

ホワイトセージはサルビア科の植物で、太古の昔からネイティブ・アメリカンの儀式に使われてきた。乾燥させた葉は「聖なるハーブ」「神聖な賢人」と呼ばれ、アバロン貝の上で燻《いぶ》した煙は精霊や先祖を呼び込むのだとか……。

現代日本ではアバロン貝は入手困難なので、耐熱性の皿で構わない。ホワイトセージのハーブはネット通販でも購入可能だ。ハーブに火を点け、線香と同じ要領で、炎が安定したら手で煽いで消す。すると芳しい煙が立ちのぼるが、これが霊的な浄化作用を持つのである。

——聡美さんは、案外、本当に効き目があるのではないかと思っているという。

実際、五、六年前にこんなことがあった。その頃、聡美さんはスピリチュアル関係のネット・コミュニティに参加してみたばかりだった。心配していた怪しい宗教勧誘などもなく安心していたら、入会から三ヶ月ぐらい経って、深夜突然に、それまで連絡を取り合ったことのない女性会員からパソコンにメッセージが届いた。

「今、電話大丈夫ですか？」

そのとき聡美さんはデスクの隅でホワイトセージを焚いており、芳しい煙がパソコンのモニター画面の前にも薄くたなびいていたのだが、このメッセージを受信すると、急に煙が消えてしまった。ホワイトセージを皿ごと台所に持っていって点火し直し、再びデスクに持ってきたら、また消えた。ところがパソコンから離すと煙が上りはじめるではないか……。

寒気を覚えながら、メッセージの主を確かめたところ、全身がタトゥーに覆われた中年女性で、一種異様な雰囲気の持ち主だった。返信をせずに、よくやり取りしていた四、五人の会員に、同様のメッセージを受け取っていないか訊ねてみたら、なんと全員が受信していた。

さらに、うち一人は男性で、うっかり電話をしてしまった後だった。

「怖いんだ」と彼は言った「あの女、通話が終わって、何分もしないうちに着信を入れてきて、用があるからと言っても聞き入れてくれないんだよ。最初から断ればよかった」

彼はその女を着信拒否にした。すると三年後、警察から電話が掛かってきて、首吊り自殺した遺体の身元照会を求められた——「あのタトゥーだらけの女だったよ」という話を先日彼から聞いたので、「ホワイトセージの魔力はたぶん本物です」と聡美さんは言う。

第五〇話　長岡の通夜

今から二五年前、新潟県長岡市で、克彦《かつひこ》さんは「兄貴」こと義弟の通夜に立ち会った。兄貴はまだ四五歳だった――克彦さんの妹の連れ合いだから義理の弟だが、一〇歳以上も年上だったので兄貴と呼んで慕《した》っていたのである。末期癌で闘病していたのを知っていたから、覚悟はできていたはず。しかし、いざとなると辛かった。

克彦さんは二八歳で新婚。妹は二七歳で、兄貴との間に幼い子が三人いた。兄貴は子煩悩な良い父親で、大型の牧畜専門の獣医師だった。つまり牛や馬のお医者さんだ。妹とは北海道の牧場で知り合ったのだという。善意と親切心の塊のような人だったから、牛馬を含め誰からも好かれていたのに……。

通夜の席は悲しみに暮れる人で溢れた。昨今、都会では通夜と葬式を一括して葬儀社に取り仕切ってもらい、まとめてセレモニーホールで行う場合も多い。だが、兄貴の実家は、長岡市でも旧家の類の大農家なので、古式に則り、檀那寺の住職を家に招いていた。

通夜の作法も昔ながらで、親族が交代で寝ずの番をするのである。

とはいえ妹は幼児の世話があり、兄貴の両親は急に老け込んで今にも倒れそうだったから、克彦さんと克彦さんの父母の三人が、四時間交代で番を務めることになった。

一番手は克彦さんだった。夜の一一時頃になると家族がそれぞれ寝間に引っ込んで、仏間にいるのは兄貴の亡骸と克彦さんだけになった。

梁の太い旧家の仏間だ。お燈明《とうみょう》が琥珀色に照らす枕もとに、線香の香りが垂れ込めていた。

克彦さんは膝を崩して、座布団にあぐらをかいた。さっき、東京の自宅から持ってきたトレーナーとスウェットパンツに着替えてきた。午前三時頃になったら両親と交代して、この格好のまま、葬式前にひと眠りするつもりだった。

——それまでの我慢だ。今日は都内の勤め先から真っ直ぐここまで車を飛ばしてきたから、くたびれているのだけれど、頑張らなくては——。

右の膝に違和感を覚えて目が覚めた。誰かが、その辺りのスウェットパンツの布をつまんでツンツン、ツンツン、繰り返し引っ張っているようである。

眠気に抗って重い瞼《まぶた》を開けると、右脚の腿から膝にかけて、布が伸びて小さな山を形作り、ピョコンと尖った頂点が上下に動いていた。ツンツン、ツンツン……と。

これは兄貴がやっているのだと直感し、温かい涙が込み上げてきた。

「起こしてくれてありがとう。俺、兄貴の分も頑張って生きるよ！」

——彼が誓うと、ツンツンは止んだ。

第五一話　古寺の女の子

克彦さんの母方の実家は日蓮宗の古刹で、当初は曹洞宗の寺として約八〇〇年に創建されたという。山門のそばに彼の母方祖父母が暮らす家があり、彼もその近所で育った。

結婚後もしばらくは両親の家のそばに住んでいたので、夫婦で寺の行事を助けることも多かった。彼は子どもの頃からしょっちゅう出入りしてこの寺に慣れていたが、新婚の妻には万事が新鮮に感じられたようだった。

克彦さんは会社勤めだったが、妻は当時の常で寿退職して専業主婦、しかも子どももはまだいないとあって、朝から何かと寺に呼ばれた。何を頼まれても面白そうに手伝うので、重宝がられたのだろう。寺では、年がら年中、行事がある。手がいくつあっても足りないのだ。

九月の盆切りの折、彼女がいつものように寺の庫裏《くり》に呼ばれていくと、「本堂のお供え物を持ってきて」と頼まれた。

そこで本堂と庫裏を繋ぐ渡り廊下を歩いていくと、本堂側の出入口を入ってすぐの右側に黄ばんで白っちゃけた木綿の紺絣《こんがすり》を着た女の子が佇んで、こちらを見ていた。

粗末な着物にボロボロの兵児帯《へこ》。薄汚れた素足でおかっぱ頭の七、八歳の少女だ。

——ずいぶん昔風の格好だこと。浴衣にしては何か奇妙だし、もう秋だし、変ね。

彼女は、その子から二メートルほど距離を置いて足を止め、声を掛けようとした。

「あ……」

あの、と言う前に、女の子の姿はスーッと透き通りはじめて、たちまち消えた。

完全に見えなくなってから、恐る恐る本堂に入っていくと、女の子が立っていた位置のすぐ後ろに古色蒼然とした祭壇があった。

なんだろうと思って、よく見れば、そこには無縁仏が祀られていた。

克彦さんによれば、その当時は、無縁仏のお骨も本堂のどこかに納められていたはずなので、妻が見た女の子は、その中の誰かなのだろうということだ。

リニューアルされた現在の本堂には、法事用のセレモニーホールが増設され、無縁仏を祀る祭壇やお骨は新築されたモダンなお堂に移された。寄る辺ない少女の霊も引っ越したのかどうかは知らないが。

第五二話　川遊びの少年

私の郷里・八王子市と隣のあきる野市の境を流れる秋川では、昨今は遊泳が禁止されているらしい。私が子どもの頃は、秋川に限らずどこでも自由に泳げたものだが、その代わり水難事故も多かった。特に、無鉄砲な男の子が溺れ死ぬことは珍しくなかったものだ。

およそ二〇年前の夏、克彦さんは秋川の河原でバーベキューに参加した。

会社の同僚に誘われたのだった。家族同伴で是非にと言われ、妻とよちよち歩きを始めたばかりの一歳の長女を伴って行こうと決めた。

前日まで二日連続で大雨が降っていたので、天候を心配していたが、当日の朝には見事に晴れあがった。眩しい夏空の下、河原はたちまち快適に乾いた。

やや増水した川で同僚の家族が泳ぐのを見て、克彦さんも水着のパンツ一丁になった。

一歳の娘も、水遊び用の紙オムツと水着に着替えさせて、抱っこして川へ……。

「あなた、こっち向いて！」

デジカメを構えた妻が岸辺から声を投げた。妻も、長女も、輝くような笑顔だった。

彼は、キャッキャとはしゃぐ長女の顔が妻のカメラの方を向くように、抱え直した。

妻がさっそくシャッターを押した。ポーズを変えて、もう一枚。

「ちょっと水に浸けてみる？　しっかり抱いていれば大丈……」

大丈夫でしょう、妻は言おうとしたのだと思う。水は臍《へそ》ぐらいの深さで、さっきから娘は水に入りたがっていた。「そうだな」と克彦さんは妻に応えるつもりだった。

だが、そのとき、脇腹をかすめるようにして、水中からザバーッと現れたのである！

河童……ではなかった。見れば六歳ぐらいの活発そうな男の子だ。

ザバーッと勢いよく両腕を挙げて水面から頭を出して、四方を見回す。褐色に日焼けした元気な少年だった。濡れたスポーツ刈りの頭が艶々と光り、バネのある動きで岸へ向かう。

妻が大笑いしながら、デジカメのシャッターを立てつづけに切りはじめた。

男の子は岸に着くと、すばしっこく這いあがってパタパタ駆け出し、妻の前を横切った直後に――フッツリと姿が消えた。

克彦さんが、そのとき撮った数枚の写真を私に送ってくれたので、すべて拝見したが、どれにも、そんな男の子は写っていなかった。

紺色のスクール水着を穿《は》いていたそうなのだけれど。

第五三話　米陸軍医療センター跡の昇る女

現在の神奈川県相模原市に昭和一五年に開設された相武台《そうぶだい》陸軍病院は、終戦後に接収されて米陸軍医療センターになった。日本に返還されたのは一九八一年のこと。

面積は一九・七ヘクタールもある広大な跡地であるから、国と県と相模原市で三分割して、さまざまな用途に活用されてきた。一九九〇年頃には大型の施設が次々に開設し、その中には二〇一九年に閉店した伊勢丹相模原店もあった。

八一年の返還前後から伊勢丹などが建つまでの数年間、米陸軍医療センターはフェンスの向こうの廃墟として存在していた——その間に心霊現象が多発するという噂が立った。

根拠としては一九七五年まで二〇年も続いたベトナム戦争の傷病兵が、ここで治療を受け、そして亡くなっているのではないかと憶測する者が多かったためだ。

克彦さんが一〇代の頃、この廃墟で肝試しをすることが仲間内で流行《はや》っていた。

夏の夜、予備校の帰り道に仲間と訪ねていこうとしたのだが、相模大野駅から五分とからないと聞いていたのに迷子になってしまい、それと同時に、なぜか左腕に筋肉痛のような痛みが生じて、怖くなって退散した。

それから一週間後、今度は運転免許を取得した友人が肝試しに行こうと言うので、行き先も聞かずに車に乗り込んだら、着いたのがここだった。

「怖いから嫌だよ。僕は車で待っているよ」と言うと、友人は金網のフェンスに車を横づけして、「じゃあ、そこから見なよ」と応えて、車を降りた。

見ていると、友人はフェンスに張りついて、懐中電灯で中を照らした。

――一〇〇メートル以上離れた奥の方に三階建てぐらいの鉄筋コンクリートの建物があり、二階の窓辺に白い人影があった。「あっ」と友人が声を上げると、それが建物の前の地面に瞬間移動し、息を呑んだ刹那にさらに時空を飛んで、フェンスの手前に現れた。

若い白人種の女で、丈の長い白いネグリジェを着て、茶色い髪を長く垂らしていた。

無表情に友人と克彦さんを一瞥した後、彼女は垂直に上昇しはじめた。

夜空に高く昇っていって、やがて白い一点の星のようになり、ついには見えなくなった。

第五四話　夫の獣臭

埼玉県の元ピアノ教師、卿子《きょうこ》さんは二五歳で結婚した。夫は埼玉県の素封家《そほうか》の跡取り息子で、卿子さんもそれなりに家柄の良いお嬢さん。両家の親や親族に祝福されて一緒になり、すぐに子宝にも恵まれた。まずは女の子。

次いで、娘が三歳になったときに男の子を授かった。

当時は、結婚と同時に夫の両親が母屋の隣に建ててくれた家に住んでいたが、いずれも同じ敷地内、しかも夕食は母屋で取る習わしだったから、あちらの家族と同居しているのも同然だった。

出産から快復して家に戻ると、動物園を連想させる悪臭が漂っていた。夫に指摘すると、夫は何も臭わないと言う。すぐに夕食の時刻となり、長男を抱いて母屋へ行っても、まだうっすらと臭う気がした。

しかし義理の両親は臭そうなそぶりを見せない。

獣の分泌物や糞尿と、汚れた毛皮の臭いが確かにした。しかし動物は飼っていないし、近くに牧場などもない。どこから来る臭いなのか不審に思っていたところ、夕食後、幼い娘が夫に抱っこされた途端、「パパ臭い！」と大声を上げた。

まさか……と半信半疑で夫に鼻を寄せてみたら、強烈な臭いに目が回りそうになった。

――臭いの元は夫だったのだ！

彼は体臭が薄かったはずだが、なぜ？　不思議だったが、それからもずっと獣臭い。

おかしなことに、夫自身と義両親、そして義両親と同居している夫の弟には、少しも嗅ぎ取れないようで、正直に「臭い」と言ってみたら、全員、不機嫌になってしまった。

だが臭いのだ。困った卿子さんは、遊びに来たママ友に「夫が獣臭いの」と打ち明けた。

するとママ友は「あの方がご主人ね？」と壁に飾ってあった家族写真を指差して、

「毛皮がお好きなの？　狐のマフラーを首に巻いていらっしゃるわね？」

と言うから驚いた。そこに写っている夫は、狐のマフラーなど毛皮の類は身に着けていなかったのだ。このママ友には自覚がないようだが、おそらく霊感があるに違いなく、夫には本当に狐が憑依しているのかもしれない――と、考えた卿子さんは、オカルト関係に詳しい別の友人から霊能者を紹介してもらい、夫と一緒にお祓いを受けた。

その霊能者は、卿子さん一家の幸福、特に今回の長男誕生を妬んだ夫の血縁者が、代々その家で祀っていた稲荷社の白狐を彼に憑かせたのだと説明した。

お祓いを受けると、夫の獣臭さが嘘のように消えた。

第五五話　嫌な家　――なぁむぅ――

卿子さんは、夫の両親に建ててもらった家が、どうしても好きになれなかった。

もちろん恵まれた境遇にあることは承知しており、義両親に感謝していた。

なぜ嫌いなのか？　陽当たりが悪い家ではあった。しかし何かその他に、そう、たとえば霊的な原因があって、なんだか嫌な家だと感じていたのではなかろうか？

前項の一件――夫が謎の獣臭を放ちだして、霊能者に見せたら狐憑きだと指摘され、祓ってもらったらたちどころに臭いが消えた――以来、心霊の世界と自分との距離が縮んだように彼女は思っていた。

いや、思うだけではない。実際に、お祓い後から奇妙な現象が起きだしていた。

あれから数日後のある晩、二階の寝室でうとうとと眠りに落ちかけたところ、階段がギシッと鳴った。続けてギシッギシッと規則正しく音がするので、ハッとして飛び起き、

「あなた！　起きて！　誰か上がってくる！」

夫の肩を揺すって起こそうとした。ところが彼は熟睡していて、つねっても叩いても目覚めない。かたわらのベビーベッドに長男が、隣の子ども部屋では娘が眠っていたが、この二人もどうやっても起きない。ぐっすりと眠り込んでいる。

娘の部屋から廊下に出たとき、階段のいちばん上の段がミシリ……と意味ありげな音を立てた。二階に上がり切った！　こっちを見ている！　と直感したが、そこには誰の姿もなかった。恐怖に髪の根が逆立ち、一瞬でパニックに陥った。

悲鳴を上げて寝室に飛び込み、ドアに鍵を掛けた。「あなた！」と叫んだが、夫は微動だにしない。これも異常だ。怖い怖い怖い怖い！

と、彼女の恐怖が頂点に達するのを見計らったかのようなタイミングで、ドアが「ドン！」と叩かれた。それで精神の堰《せき》が切れた。脳貧血を起こしかけて目の前が暗くなり、かろうじて夫の横に倒れ込むと、そのまま意識を失ってしまった。

翌朝は、夫に優しく揺り起こされた。「ママが寝坊するなんて珍しいね？」と微笑みかけられて、昨夜の出来事は夢だったのだろうかと思った。

「もう少し休んでいてもいいよ」と夫は優しく言い、赤ん坊を抱いてあやしながら、リモコンでエアコンを点けた。「ちょっと暑いからね。もう夏なんだな」と話しかけてきたが。

「……あなたには聞こえないの？　エアコンから、お経が……南無阿弥陀仏って……」

エアコンの吹き出し口から、読経する男の声が流れてくる。夫は怪訝そうに「何？」と首を傾《かし》げたが、そのとき赤ん坊が「なぁむぅ」と言って、手を合わせる仕草をした。

第五六話　嫌な家　――顔のない女――

卿子さんの家では怪しい現象が頻発した。エアコンの吹き出し口から風に乗って聞こえてくる「南無阿弥陀仏」の声。日中、一階のリビングで三歳の長女とまだ赤ん坊の息子を遊ばせていると、時折聞こえてくる二階の足音――もちろん卿子さんたち三人しか家にいないのだった。

台所の洗い場には摺りガラスの窓が付いていた。食器を片づけていると、その窓を右から左へ人影が通ったこともあった――読者の皆さんは予想がつくと思うが、無論のこと、窓の向こう側には人が通り抜けられるスペースがないのだ。

変なことばかり起こるので、この家から逃れたいという欲求が次第に高まってきた。

結婚と同時に夫の両親が建ててくれたこの家には、北向きに建てられているなど、具体的な欠点もあるにはあった。母屋や、義両親が敷地内で経営している数棟の賃貸住宅などの陰になっており、西日しか陽が差し込まず、昼から照明器具が必要だったし、冬は寒い。

そこで、五年目のある日、陽当たりの良い家に移ることを夫に提案した。

反対されるかと思いきや、さすが大地主の跡取り息子、「いいんじゃない？　うちで管理している南向きの物件が空いたところだよ」と応えたとか……。義両親も引っ越しに賛成してくれたので、子どもたちが保育園に行っている間に、さっそく件の空き物件を見にいった。

ところが、玄関を開けた途端に、「ここはダメ」と閃いた。だが自分でも何がどう駄目なのか理由が言えない感じなのだ。本能が「マズい」としきりに告げるが、根拠がないので、とりあえず我慢して家に上がって、各部屋を順繰りに点検しはじめた。

初めは異常な点は何もなかった――浴室の鏡を「見ちゃダメ」と本能が囁いてきたが、見ても変なものは映っておらず、階段も「上っちゃいけない」と直感したけれど上っているときは何事も起きなかった。二階の洋室も「ダメ」と思いつつ覗いたが、大丈夫だった。

――二階の廊下の突き当たりに板張りの引き戸があり、開けると、和服を着た女が床の間を背にして立っていた。

ほっそりとした若い女だ。淡雪のような薄い灰色の無地の着物をきちんと着付けて、艶やかな黒髪を美しく結いあげている。うつむいていた面を上げて、こちらを見た。

その顔には目も鼻も口もなく、顔があるべき所には、白い靄が渦巻く穴があいていた。

「あなたを待っていたの」と顔のない女が頭の中に直接話しかけてきた。女が一歩、足を踏み出す……と、帯につけた根付の鈴がチリンと鳴った。

卿子さんは廊下を走り、階段を駆け下りて、その家から飛び出した。

第五七話　嫌な家　――おばちゃん怖い――

卿子さんは、陽当たりの悪い我が家から、義両親が持つ南向きの物件に移ろうと考えていたが、件の南向きの家で顔のない和装の女に遭遇してしまって、進退が窮まった。義母は「あら、どうして？」と少し不機嫌になった。「あそこは陽当たりは最高よ？　それとも何かしら？　うちの土地には住みたくないということなの？」

「いいえ！　そうじゃないんです！　……夫に相談します」

そもそも今の家も義両親に建ててもらったのだ。引っ越しの相談をした時点で不愉快に思われていたに違いない。怪奇現象さえ起きなければ、陽当たりぐらい我慢できるのに……。

顔のない女を見てしまったその夜、二歳の息子が熱を出した。

翌朝、小児科で診せると風邪薬と頓服薬を処方してくれて、その場で薬を飲ませてくれたが、帰宅して体温を測ってみたら少しも熱が下がっていない。とりあえずベッドに寝かせて、出掛ける間に子ども部屋のベランダに干しておいた洗濯物を取り込みはじめた。

すると息子が急に激しく泣きだした。驚いて駆けつけると、ベランダの方を指差した。

「あのおばちゃん怖い！」

「おばちゃん？」と、彼女はさっきまで自分がいたベランダを振り返ったが、取り込みかけた洗濯物が風に揺れているばかり。「誰もいないよ?」と言ったが、息子は熱で赤く火《ほ》照《て》った顔をブンブンと横に振って「いる!」と応えた。

「着物のおばちゃんがいるよ!」

あの顔のない女に違いないと思った卿子さんは、夫の狐憑きを祓ってもらった霊能者にメールで相談した。すぐに「まずは、うちにお祓いに来るまで、何者であれ、あなた方に手出しができないようにしてあげましょう」という返信が届いた。

霊能者から受信したメールを読みはじめると、以前、お祓いを受けたときにそこで嗅いだ薫香の匂いがどこからともなく漂ってきて、彼女と息子の周りに垂れ込めた。

それから間もなく、息子がうとうとと眠りはじめ、起きたときには平熱に戻っていた。

二日後、息子を連れて霊能者を訪ねた。あの女の話を打ち明けて、霊視してもらったところ、「幼い子を火事で亡くした女の霊が、息子さんを奪おうとしています」と言われた。

「私は真言密教の阿闍利《あじゃり》なのです。これは密教法具の五鈷杵《ごこしょ》というもの。あなたに授けますので、不安を感じたら両手で包み込み、目を瞑《つむ》って深呼吸してみてください」

こう説明を受けながら、長さ二〇センチほどの真鍮《しんちゅう》製の法具を手渡された。長年大切にしてきたが、うっかり床に落としたら薬指を骨折したので、それからは触っていないということ。

第五八話　嫌な家　――黒く塗りつぶされた家――

顔のない女の一件から二年後、卿子さんたちは家族四人で引っ越した。大地主である夫の両親の土地から、ついに離れたのだった。

このとき四歳だった彼女の息子は、現在一八歳。

私のインタビューを受けるに際して、彼女が息子に当時のことを憶えているか訊ねてみたところ、「なんとなく憶えている」と答えたそうだが……。

「それがねぇ、変なんですよ。あの家は陽当たりは悪かったけど、壁や天井が真っ白でインテリアも白を基調に統一していたんです。でも息子は、黒かったと言うのです」

白かったはずだと言っても聞き入れないのだという。

「壁も天井も真っ黒だったじゃないか？　黒く塗りつぶされた家だったよ！」

彼は他のことは一つも思い出せず、それは幼児だったから不思議ではないが、なぜかあの家は「黒かった」と、それだけは深く記憶に刻みつけられているようなのだ。

第五九話　うぶごえ

二〇一六年一〇月三一日一七時頃――と日時がはっきりしている理由は、史也《ふみや》さんのスマホにそのときの通話記録が残っていたからだ。

月曜日、ちょうどハロウィンの夕方だった。このとき彼は、兵庫県尼崎市の自宅から、大学時代からの友人AにSNSを利用して電話を掛けた。

大学の同期で家も近かったことから親しくなり、卒業後も度々顔を合わせていたのだが、Aは、ここ最近、祖母が借りている大阪の市営住宅に滞在していた。

仕事の都合で、しばらく大阪にいる必要があるとのことだった。

「どう？　慣れた？」と訊くと、「まあなぁ。しっかし、潰れかけたような団地や、えげつないもんやで……。でも、ばあちゃんは、ばり喜んでくれとうよ。じいちゃんが亡くなってから独りやったさかい、こんな不肖の孫でもおれへんよりマシや言うて」とAは答えた。

――その声に、後ろから覆いかぶさるように、赤ん坊の泣き声がしている。

「オンギャアオンギャア、赤ちゃんがよう泣いとんな。Aくんの隠し子か？」

「そんなもんいるわけあれへん。なんも聞こえへんよ。ばあちゃんも出掛けとっておらんし」

「せやけど、Aくんの近くで泣いてんで？」と史也さんは言った。実際、泣き声はどんどん通話口に接近してきていた。「待って。証拠を聞かしたる。僕、もう一台スマホを持ってるんや。こいつで録音してみよ……」

史也さんは仕事用のスマホを、通話中のスマホに近づけて録音しはじめた。その間にも赤ん坊の声はどんどん迫ってきて、ついにはAの声が聞こえなくなった。

「Aくん、もうややこの声しかしいへんよ！　やかましいさかい、いったん切るで！」

赤ん坊の声が録れていることを確かめてから、Aに電話を掛け直した。

「ほんまや。大声で泣いとう！　うわっ、怖っ！　なんや、これ？」

「その部屋で前に何やあったのと違う？」

――昨今は《大島てる》という便利なツールが存在するのだ。過去の事件を住所検索できる、つまり事故物件か否かを調べられるスグレモノだ――。

「うわぁ、史也くん！　僕どないしたらええの？　ばあちゃんには、よう言われへん」

――二〇〇六年二月一二日、大阪府大阪市の〇区の市営住宅で殺人と死体遺棄容疑で無職の女（二三）が逮捕された。一月下旬頃、自宅の市営住宅で女児を出産し、その日のうちに殺害、ポリ袋に入れて自室内に遺棄した疑い。「家族にばれるのが嫌で殺した」と容疑を認めているという――。

第六〇話　錫杖の話

皆さんは錫杖《しゃくじょう》をたぶんご存じだと思う。そう、あのお坊さんやお地蔵さんが持っていて、頭に小さな輪が四または六または一二個通してあり、上下に振ると輪がぶつかり合ってシャンシャン鳴る、杖のことだ。

あれが出てくる怪談を聴いたり読んだりした覚えがある方も、いらっしゃることだろう。錫杖はお釈迦様の時代にはすでに存在したと言われ、音で注意を引いたり、旅路においては獣などを追い払ったりしたそうだが、仏教では密教法具の一つであり、煩悩《ぼんのう》や魔障を祓う力を秘めているとされる。

「九條錫杖経」または単に「錫杖経」と呼ばれる、錫杖の功徳を説いたお経があって、その一節には本シリーズのタイトル「一〇八怪談」の基にもなっている「百八煩悩」という言葉が登場する――聞錫杖聲　速得解脱　惑癡二障　百八煩悩（錫杖の音を聞き、ものに惑うことや愚かなこと、百八の煩悩から速やかに解脱せよ）――。

そんな錫杖のありがたい力を証明するかのような体験談を、先日お聴きした。

それは昭和の昔のことだ。当時、岡山県の太司《ふとし》さんは、二階建ての店舗つきアパートに両親と住んでいた。東西に長い建物で、一階は東から順に、鍼灸院、お好み焼き屋、ヤクルトの営業所と、太司さんの母が営んでいる美容室兼住居。二階の四室はアパートだった。トイレは汲み取り。店の前は幅四メートルほどの道路で、バキュームカーが通ってくる。

さて、彼が小三の夏休みのある夜、熱帯夜であったからクーラーを点けて寝たはずが、深夜、暑くて目が覚めてしまった。シャンシャンシャンと錫杖の音が西の方から聞こえてきて、母の美容室の前を通り過ぎてヤクルトやお好み焼き屋の方へ去っていく――。

翌日の夜も、ほぼ同じことが起きたが、錫杖の音が今度は美容室の前で止まった。

三日目も店の前で止まったので、托鉢《たくはつ》僧かもしれないと思って見に行ったが、誰もおらず、音も止んでいて、母が夜通し点けておく店のネオンサインが光っているだけであった。

四日目、シャンシャンという音が止まると同時に、上の階に住んでいる女が――昔の田舎にありがちだが鍵を掛けていなかったので――血相を変えて店に飛び込んできた。

「うちの子がいなくなった！　トイレに行ったきり、寝床に戻ってこないんです！」

時刻は午前三時。子どもは幼児で、住人たちが総動員で探したが見つからず、警察と消防署も呼んで未明の救出大作戦となり――太陽が高く昇る頃、汲み取りのパイプから発見された。足から便槽に落ちたものの、パイプのカーブに頭がつっかえたお蔭で助かったのだ。

この珍事は新聞にも載った。錫杖が穢《けが》れを祓った（？）やや尾籠《びろう》ながら、良い話。

第六一話　古い二段ベッド

桜並木で知られる福井県の足羽川《あすわがわ》のそばに、音弥《おとや》さんの父が家を買ったのは、八〇年代の中頃だ。景気の良い時勢に乗って彼の一家も豊かになりつつあり、中古ではあっても広い芝生の庭付きの大きな家を手に入れたのだった。

引っ越したのは夏休みで、当時小三だった音弥さんは、念願だった犬を飼ってもいいし、好きな部屋を選んでいいと親に言われて有頂天になった。夢中で家を探検していると、二階の一室で古い二段ベッドを見つけた。

それは特注と思われる立派な物だった。上下の各寝台はセミダブルサイズで、四本の柱は太く、全体に重厚感があった——ただし、少年誌の付録かお菓子のオマケと思しきマンガキャラクターのシールがそこかしこに貼られていた。

この部屋の窓は川辺を望んでおり、青々とした葉桜の並木が眼下に見えた。

「僕の部屋、ここにする！」と音弥さんは宣言した。彼は一人っ子であり、元々ここが子ども部屋だったのは間違いなさそうだったので、希望はすんなり通った。

引っ越し作業も終盤になった黄昏の頃、母と庭でダンボール箱を潰していたところ、芝生を囲むフェンスの向こうから、背丈の違う男の子が二人やってきた。

「ほら、近所のお友だちやわ。挨拶せんと」と母にけしかけられたが、音弥さんは尻込みしてしまった。二人は面差しが似ており、一見して兄弟で、兄の方は小五か小六、弟は音弥さんと同じぐらいなのだが、揃って無表情でじっと見つめてくる雰囲気が異様だったのだ。

母も何か気づいたようで、それ以上、強いて仲良くさせようとはしなかった。

その日の夜、初めて例の二段ベッドで寝た。上の段に横たわって豆球の常夜灯に照らされた天井の木目を見上げていると、突然、胸がズシンと重くなり息が苦しくなった。叫ぼうとしたが声も出ず、身動きが取れない。彼は間もなく気を失った。

明くる朝は母に起こされた。昨夜の息苦しさを憶えていたけれど、なんとなく話しそびれた。誰にも打ち明けないまま二学期が始まった。

庭のフェンスのところに現れた兄弟は、転入した小学校にいなかった。

秋のある夜、再び胸に重石が載せられたように感じて苦しんでいたら、裸足の足音が近づいてきてベッドの下で立ち止まった。次いで、ヒョイと子どもが下から覗き込んできた。

あの兄弟の兄の方だった。表情が乏しいが眼差しが悲し気だった。

小六のとき、泊まりに来た親戚に二段ベッドの上の段を貸したら、翌日「金縛りになった」とぼやいていたので、では、あれは金縛りだったのかと思ったのだという。

第六二話　私たちの水子

一一月下旬になると、福井県の辺りではみぞれまじりの驟雨が降るようになる。音弥さんが彼女と出逢った夜も、凍てつく大粒の雨が軒《のき》を強く叩いていた。

家並みを縫って車を走らせていると、傘も差さずに赤ん坊を抱いて走っている女を見かけた。水を蹴立てている裸足の足の裏がヘッドライトを白く反射し、驚きながらいったんは追い越して、すぐに急停止して車から降りた。

「どうされました！」

震えながら立ち止まった女は死人のように青ざめて、背を屈め、赤ん坊を胸にうずめるように抱きしめているばかりだった。上着を着ておらず、痩せて尖った肩が痛々しかった。返事がなかったが、このままでは彼女と赤ん坊は凍え死んでしまうと音弥さんは焦《あせ》った。

車に招じ入れると、女は何も言わずに乗り込んだ。アパートに連れ込むまでの数分間、彼女は無言を貫いた。赤ん坊まで静かなので、もしや死んでいるのでは……と彼は恐れたが、部屋に連れてきて暖房を点けた途端、弱々しく泣き出した。

音弥さんは二六歳で、最近、外国産煙草の営業の下請けをしはじめたばかりだった。

やがて女は口を開いた——自分は二三歳で、暴力を振るう夫から逃げてきたこと、警察には知らせないでほしいこと、着の身着のまま財布も持たずに飛び出してきたこと——。

その夜、彼はソファで寝て、女と赤ん坊にベッドを貸した。

それから同棲しはじめたが、四月になると、立派な身なりをした彼女の両親が突然アパートに現れて、彼女と赤ん坊を連れていった。

駆け出しの個人事業主で貯蓄もなかった音弥さんは、二人の将来を想って身を引いた。

三ヶ月後、前触れもなく女が一人で訪ねてきて、彼に「離婚したの」と告げた。

両親の勧めで赤ん坊は養子に出したと聞いて、彼は泣いた。

アパートにいた頃の母子のむつまじいことを想い出すと、涙が止まらなかった。

その夜二人は結ばれた。ほどなく彼女が妊娠したので、両親の家に挨拶に行った。

だが結婚の許しは出ず、それどころか彼女は両親に説得され、彼に無断で堕胎した。

——音弥さんは己のふがいなさを呪い、奮起して仕事に打ち込んだ。

別れることもなく、その後も一緒に暮らしていたところ、ある日、アパートの床に三センチばかりの濡れた足跡がついていた。室内から玄関の三和土まで続いており、写真を撮ったら床に赤ん坊の顔が写り込んでいた。

それを見た彼女は「これは私たちの子よ」と言って、さめざめと泣いた。

第六三話　家についてきたようだ

外国産煙草の営業請負は音弥さんの性分に合っていたようで、三〇代のうちに福井県内に分譲マンションの一室を買い、ゆとりのある生活を送りはじめた。

しかし四〇歳の頃、同棲していた恋人が癌で早逝《そうせい》してしまい、以来、色恋沙汰を避けて、彼女と、それから水子にしてしまった自分たちの子どもを悼んで、独り暮らしを続けている。

ある春の午下がり、仕事で福井市から大野市へ車で移動しているときに、国道のスノーシェルターで奇妙な女を見かけた。

スノーシェルターは雪深い地方に多い、雪崩《なだれ》避けの屋根付き道路である。今は雪がないのでトンネルを通るのと同じことだ。長さ数百メートルのその道は、真ん中辺りでカーブしていた。カーブの手前で減速したとき、かたわらの壁際に佇む怪しい人影が目に入った。

白い振袖を着て、腰までありそうな長い黒髪を下ろすという、雪女さながらのいでたち。袂《たもと》で口もとを隠しているから確かなことは言えないが、鼻筋が通り目が切れ長で、美人そうな雰囲気もある……が、綺麗であっても、この姿は面妖であろう。

気になって目が離せず、後続車もなかったことから、ゆっくりとそばを通り過ぎた。

またしばらくして同じ場所を通りかかると、再びその女がいた。衣装もポーズも前回のままで、あまりにも不思議だったので、家に帰ってから、グーグル・ストリートビューで確認してみた。

すると驚いたことに、女が佇んでいた辺りの壁に怪しい影が写っていた。

知らなければ壁に浮き出たただのシミに見えたかもしれないが、彼には間違いなくあの女だとわかった――ストリートビューに心霊写真が載ることもあるのか、と驚いた。

夏に、三度目にそこを通りかかると、予想してはいたが、やはり同じ女がいた。

けれども今回は、横を通過しようとした瞬間、左肩にドスンと岩が落ちてきたかのような衝撃を感じた。お蔭で危うく隔壁にぶつかるところだった。

急停止した車の中で息を整えていると、冷たい塊が肩から体の中に侵入してくるのがわかった。恐怖に声も出ず、ただ、「許してくれ」と心の中で繰り返し謝ったところ、やがて体内を氷が駆け下りていくような感覚が生じ、尾てい骨から速やかに抜けていった。

それからはそこを通らないように用心していているが、不思議なことに、その直後から、自分のマンションの部屋に何か和風の芳香が漂うようになった。

死んだ恋人がこういう香りの匂い袋を持っていたものだが……と思っていたら、SNSに投稿するためにスマホで撮った自室の写真に、あの白い着物の女が写り込んでいた。

第六四話　理不尽な来訪者　――寝ると出る――

心霊体験の聴き取りをしていると、理不尽な話をよく耳にする。これもその一つ。

五〇代の食品業界コンサルタント、明代《あきよ》さんは、会社経営者の夫と都内のマンションで暮らしている。一人息子が地方の大学に進学しており、夫婦水入らずの生活だ。たまに夫が外で深酒をしては、居間のソファでだらしなく寝てしまうのだけが彼女の悩みの種だった。

およそ一年前の師走、飲み会シーズン真っ只中で、夫はその日も深夜帰宅するやシャワーも浴びずにソファに寝っ転がった――見に行かなくても物音でわかるのである。

夫の体臭や呑み屋でつけてきた煙草臭が染みつき、クッションやブランケットにヨダレが付着するのでイライラした。……が、長年夫婦をしていると、喧嘩するのも面倒なものだ。

夫のことは放っておいて、明代さんは寝室で静かに読書を愉しんでいた。

ところが本に集中しはじめたところで、「明代ーっ！」と大声で夫に呼ばれた。

「何よ！」と腹を立てながら居間に行くと、ソファのそばに尻餅をついた夫が、アワアワと唇を震わせて「い、い、今！　しししし知らない女が！　まままま窓から！」と騒いだ。

「どうせ夢でしょ！　馬鹿なこと言ってないで、シャワー浴びてベッドで寝なさいよ」

叱りつけたところ、夫は翌日から寝室で寝るようになったが、一〇日後の夜、酔っ払って帰ってくると、また玄関から居間へ直行するではないか……。

すでに寝支度を整えてベッドにいた明代さんは、苛立ちを募らせた。しかし彼女が叱りに行くより早く、悲鳴が聞こえてきた。そして夫が寝室に駆け込んでくると「こないだの女が出てきて、僕の首を締めた！」と青くなって訴えた。

「いい気味！」と明代さんは夫に言った。

——実は、六年前、ここに入居した直後に、彼女が居間のソファでうたた寝したところ、聞いたことのない年輩の男の声で「ここで寝ちゃいかん！」と注意されたことがあった。

さらに、その直後、夫の留守中にソファで昼寝していた息子が突然飛び起きて、「のっぺらぼうの女が出た！」と騒ぎ、「夢を見たのね」と明代さんが笑った途端に、先日の男の声が「あの女……」と彼女の耳もとで囁くという、怪奇現象が起きていたのだ。

一連の出来事を聞かせたところ「そういうことは早く教えてよ」と夫は恨めしそうにしたが、泥酔して汚い格好のままソファで寝る方が悪い、と彼女は思った。

季節が移ろって、やがて春になった。深夜、ベッドに横になっていると、喉に髪が絡みついた。自分の髪かと思ったら感触が違う。ギョッとして飛び起きた彼女の真横に見知らぬ若い女が座っており、「話を聞いてほしいの」と長い髪を弄りつつ訴えて、スッと消えた。

第六五話　理不尽な来訪者　――明代さんと幽霊――

コンサルタント業を営む明代さんと経営者の夫が暮らす都内のマンションは、窓からの眺望が素晴らしく、都心部へのアクセスに優れ、非常に生活しやすい良い住居だ。

一人息子は地方の大学に在学中で、離れて暮らしているが、成績優秀なしっかり者で余計な心配がいらない。

明代さんが思うに、目下の問題は、家に女の幽霊が出没することだけである。

最初は居間のソファで眠ると、見知らぬ若い女が夢に現れて脅したり――息子は「女ののっぺらぼうだった」と言っていた――首を絞めたり――酔っ払いの証言だからあてにならないけれど、夫は知らない女に首を絞められたと騒いでいた――するのである。

ソファで誰も寝なくなって、もう大丈夫と安心していたら、ある晩、寝室に現れた。

髪が喉に巻きついたので目を覚ましたところ、自分の髪ではなく、横に座っていた女の髪であった。時刻は丑三つ時。隣に寝ている夫は熟睡していて、肩を揺すっても起きない。

――心霊現象で定型的なパターンだ。しかも、これが二度目だった。芸がない。

「もうそういうの、いいから！」と明代さんは女に言った。

強い。働く女で、子育て経験者で、人生経験豊富な五〇代。さらに趣味はジム通いで筋力にも自信がある彼女が、弱いわけがなかった。

「話を聞いてほしいだけなんです」と涙声で女は訴えた。こちらは筋トレに縁がなさそうな柳腰。ストレートのロングヘア、グリーン系のカーディガン、白いブラウス、ベージュのスカートという、没個性な社会人ファッションに身を包み、丁寧にメイクをした顔は、よく見れば三〇代前半ぐらいで中庸な目鼻立ちをしていた。メソメソ泣きながら、

「私、東京に出てきて、普通に働きながら独り暮らししてきました。両親が弟をこっちに寄越すまでは……。弟は事件を起こして田舎にいられなくなったんです。だけど東京に来たら弟はますます素行が悪くなって、私の全財産を奪い、会社にまで乗り込んできて……」

腕組みをして、「どうして弟を実家に返さなかったの？」と明代さん。

「両親が近所の目を気にして泣くものですから……。村八分になると言って……」

「田舎はどこ？」

女は細い指先で涙を拭って「〇〇県です」と答えると「ありがとうございます」と頭を下げながら空気に溶けるかのように薄くなって消えていった。

——〇〇県が何処であるか私は明代さんから聞いて知っているが、ここでは伏せておく。幽霊になる前に明代さんのような人と出逢えなかったのは、彼女にとって不幸なことだ。

第六六話　山の村祭り

和士《かずし》さんは若い頃、さる有名企業の営業職に就いていた。時は昭和から平成に移り変わる八〇年代末期。「二四時間戦えますか？」というテレビＣＭのコピーが流行した時代である。

当時、彼は二〇代後半で、営業の仕事にやりがいと手応えを感じていた。同僚と二人一組で地方に出張することが多く、徒労に終わるときもあったが、へこたれなかった。

ある夏の日、彼と同僚は、山梨県郊外に仕事で出向いた。二日連続で山梨県の方々を巡る計画で、その晩は県内の宿に泊まることになっていた。

会食の誘いを断れず、村長らと夕食を囲んだので、村を出たときには日が暮れていた。

今のように完成されたカーナビがない頃である——同僚がハンドルを握り、和士さんは助手席で地図を広げた。

「麓に着くまでは地図を見なくても平気だよ」と同僚は言った。それもそうだと和士さんは思った。来た道を戻るだけだし、山の麓までは一本道だったのだから。

つづら折りの下り坂が続いた——が、やがて道が二股に分かれた。一方の道は上り坂で、下に車を止めて見あげてみると、坂の上の方で、赤い提灯《ちょうちん》が華やかな列を成していた。

窓を開けてみたら、遠くから風に乗って、祭囃子が聞こえてきた。

「お祭りだ！」と、ちょっとワクワクして和士さんが言うと、相方も「そういえば盆踊りの季節だ！　行ってみようよ？」と嬉しそうに応えた。

そこで、提灯が飾られた坂道を車で上っていくと、沿道に明かりを灯した家並みが現れ、やがて中央に盆踊りのやぐらが組まれた広場に到着したので、喜び勇んで車を降りたが。

——一歩も動かぬうちに、ぬばたまの闇に包まれた。

車に戻ってヘッドライトを点けたところ、ひと群れの墓石が照らしだされた。

この話を聞いて想い出したことがある。

五年ほど前、友人が運転する車に乗せてもらって、おいらん淵を取材した。その行きがけに丹波山村《たばやまむら》という山村を通りかかったところ、たまたま夏祭りの日であった。

もう黄昏というにも暗いほどの時刻であったから、山車《だし》や神輿《みこし》の曳行はすでに終わったものと見えて、祭囃子も聞こえず、沿道には村人の姿も乏しかった。

さて、あれは本当に丹波山村だったのだろうか？

第六七話　最期の居場所

去年の夏、一洋《かずひろ》さんは、七年前に円満退社した川崎市の警備会社に出戻った。彼は二、三の警備会社を乗り換えながら二〇年近くこの道一筋でやってきた警備のプロだ。今回彼が再雇用されたわけは、同社が問題のある警備員Aの代わりを探していたためだった。

一洋さんは即戦力として歓迎され、入れ違いにAは自主退職させられた。引き継ぎに際してAは彼に対して恨みがましい態度を取ることはなかった——採用を担当した人事部長や、後に知り合った同僚警備員たちによれば、A自身も自分が退職を迫られるのは仕方がないと覚悟していたとのこと。

それもそのはず、Aは数年間にわたって会社に住民票を提出していなかったのだ。

警備会社が毎年受ける警察の監査には、警備にあたる従業員の身許保証が欠かせない。監査で欠格となれば営業停止処分。だから住民票を出さないAを雇っておくのは会社にとって危険な賭けだった。なぜすぐクビにしなかったのか？

人事部長が言うことには「Aさんは、住むところもない五〇男で天涯孤独なんだもの。ごまかしごまかし何年もやってきたんだよ」——つまり格別の温情で雇っていたわけだ。

ところが無断欠勤した。「特にそのときは大事な任務を担当していたからなぁ……」と同僚は一洋さんに経緯を説明した。「それに彼はロッカールームに家財道具を全部置いて、会社に住んでいたんだ。なのに、なぜ、あの日に限って事前に連絡もなく欠勤したんだろ?」

聞けば、Aは非番の折には、もっぱらロッカールームと仮眠室で過ごしていたという。

Aの退職から三週間後、上司の指示で、Aの持ち物をロッカールームから撤去した。

運び出す作業には、一洋さんも二、三の同僚たちと共に加わった。悲しいほど洗いざらした衣服や履き古した靴、三〇冊あまりの角が擦り切れた文庫本、まとめ買いしたカップ麺など、段ボール箱数個分の荷物をステーションワゴンに積んで倉庫に運び入れた。

「Aさんと連絡が取れなくなったから、当面は、うちで一時保管することにした」

そう上司が言うのを聞いて、一洋さんはAが自殺しているような気がした。

彼の想像は間もなく確信に変わった。その夜、仮眠しようとしたら金縛りにあったのだ。

さらに二日後には、こんなことがあった。ロッカールームで着替えていたら背後でバチッと異音がし、振り向くとAがしょんぼりと佇んでいて……一瞬で消えたのである。

翌朝、一洋さんが出勤すると、上司がAと連絡が取れたと報告してくれた。

彼は驚き、「てっきり亡くなったと思っていました」と打ち明けた。すると上司は「癌で入院していたんだと。すぐまた病院にとんぼ返りした。余命三ヶ月だそうだ」と言った。

第六八話　生霊観察日記

去年の夏から秋にかけて、一洋さんが勤務する警備会社は、退職した警備員Aの生霊に悩まされた。警備会社には必須である住民票の提出をAは拒み、無断欠勤もあったので半ば強制的に辞めさせられた。その直後から怪奇現象が頻発し、あろうことか突然会社のロッカールームに現れたAが目の前で煙のように消えてしまったので、代わりに雇われた一洋さんは寝覚めが悪い心地がした。

――八月五・六日（金・土）川崎市○○倉庫で二四時間勤務。六日午前一時より警備員控室のシーリングライトが三時間にわたり点滅。夜明けと共に正常に戻る。

――八月八・九日（月・火）川崎市○○倉庫で二四時間勤務。八日零時の最終巡回で全電源スイッチと施錠などを点検／確認。

九日午前八時頃一階事務所の窓が開いているのを発見、通報。侵入者なし。異状なし。○○警備課長及び共に任務中だった警備課××と、監視カメラの録画を視聴。八日二三時五七分に自分が当該の窓を閉めて施錠する一部始終を、三人で確認。件の窓は九日午前二時に自然開錠／右片側が静かに全開さる。侵入者は映らず。二枚引きの引き戸になった標準的なアルミサッシの腰高窓。但し二重ロック。窓に異状な痕跡なし。

――八月一一・一二日（木・金）於・川崎市○○倉庫。一一日は異状なし。一二日午前二時三〇分、仮眠中に自分のペンライトが点滅して目が覚める。ベッドの枕もとに置いて寝たはずが、足もと側一メートル先の壁に設置されたロッカーの上（高さ二メートル）に置かれていて、一秒に一回おきの間隔で点滅を繰り返していた。そのように遅く点いたり消えたりする機能のない製品。驚いて巡回中の相方（警備課××）を呼ぶ。

ペンライトはロッカー上から下ろすと同時に消灯す。直後に窓外に人の気配したので、とっさにフラッシュを焚いて窓をスマホで撮影したところ、幅一メートル以上の巨大なAさんの顔がガラスの外からこちらを見ていた。××が駆けつけたときには顔は消えていた。

八月一三日（土）オフ日。怪談作家のK先生に昨日の写真を送信しようとしたが、なぜか二度失敗。サイズを縮小したら画像が暗くなり、K先生は「わかりづらい」と……。

八月一四・一五日（日・月）一四日二三時三〇分、川崎市○○倉庫正門横ガードマン・ボックスを退去時にエアコンをオフ。一五日朝、××からエアコンが点きっぱなしだと指摘されたが、監視カメラの録画では自分は確かに消していた。九日の窓の件と状況が酷似。

尚、かねて聞いていたAの余命の三月が尽きた一〇月下旬頃に、一切の怪異が止んだ。

第六九話　池袋の妖嬢

ご存知の方も多いだろうが、池袋から来た女中がポルターガイストを惹き起こす「池袋の女」という古典的な怪談がある。だが今回、一洋さんから聴いたのは、池袋で妖しい女を見た話であって、彼女の里は、私の実家がある八王子や今の住まいがある南青山かもしれないわけだが――などという戯言は措いて、肝心の体験談に入ろうと思う。

進学と同時に秋田から上京した一洋さんは、生活費を捻出すべく、すぐに運送会社でアルバイトを始めた。トラックに同乗して都内各所の目的地へ行っては、荷の揚げ下ろしや搬入を手伝い、二、三ヶ月もすると仕事の要領をだいたい覚えた。

夏のある日、彼は先輩スタッフ三人と共に、大型トラックで池袋西口付近へ向かった。

某有名企業が支所を開くのだと聞かされていたが、着いてみれば、そこは風俗街に隣接した場所で、ラブホテルの斜向かいだったから、東京は不思議な街だとあらためて呆れた。

到着したときはまだ午前中。……なのに、もうラブホテルにしけこむ男女もいる。

男は凡庸な外見の中年だったが、見れば、女の方は妖精のような可憐な美女。

アイドルタレント顔負けの美貌に思わず見惚れていると、先輩に頭を小突かれた。

「あれは嬢（性風俗嬢）。男は客だ」と解説されて、「あんな可愛い子が！」と驚いた。

やがて彼女はラブホテルから出てきたが、半刻もせず、別の男と同伴して入った。

あんな美人だもの。売れっ子なのだろう——そう思って納得した。

しかし、それから三〇分から約一時間おきに、彼女は、その都度違う男と同じラブホテルで「仕事」をするではないか……。一洋さんは、男が二〇人を超えた辺りから怖くなってきた。

しかも、某企業の引っ越しは三日がかりで、翌日と翌々日も一洋さんたちは同じ場所で朝から日没まで働いたのだが、件の美人も、三日間、精力的に男と出たり入ったり……。

これには、訳知り顔だったあの先輩も「いくらなんでも変だ！」と騒ぎはじめた。

「彼女は嬢の怨霊に違いない！　あのラブホテルに取り憑いているんだ！　客の男たちも彼女が見せている幻なんじゃないか？」などと言う。

そんな馬鹿なと思ったが、その仕事が終わって池袋を離れた途端、彼女については、綺麗だった印象だけが残り、拭い去られたかのように顔や衣装の記憶が消えてしまったので、一洋さんも、あれは人外のものだったのだと今では確信しているとのこと。

第七〇話　緑の兵隊

健市《けんいち》さんの祖父は、台湾で終戦を迎えた。帝国陸軍の部隊長だったが、当時の蘭印《らんいん》ことオランダ領東インド（現在のインドネシア）の戦線で重傷を負い、治療のために台湾に送られた。蘭印に残った部隊が殲滅《せんめつ》されたのは、その直後のことだった。

それから長い年月が流れ、さまざまなことがあり……一九八〇年頃には末期の肝臓癌に侵されていた。最期の一時帰宅を許されると、熊本県の自宅には、すでに危篤の報を受けたかのように親族が集まってきた。その中に孫の健市さんもいた。

その頃、健市さんは小学校に上がったばかりで、人見知りで口下手だった。

だが、全身鮮やかな緑色をした兵隊が一〇人あまりも祖父のベッドの枕もとを取り囲み、肩を組んで何か勇ましい歌を合唱しだしたので、思わずこう言わずにはいられなかった。

「じいちゃん、兵隊のおじちゃんたちが周りにおるよ?」

誰かが先にそれを指摘していれば、あるいは祖父自身が兵隊たちに声を掛けていたなら、引っ込み思案な彼は黙っていただろう。だが、軍服のみならず肌まで真緑に染まった変な兵隊が祖父の家に土足で上がり込んでいるのに、示し合わせたかのようにみんなして無視を決め込んでいる——それは緑の兵隊の存在に匹敵するぐらい、変なことだった。

祖父は眼窩の奥で、白く濁った眼をせわしなく瞬かせて、枕もとを見回した。

「兵隊が、ここに？　日本の兵隊か？」

「緑色の兵隊さんたち。みんなで日本語ん歌ば歌うとるたい！」

「……そうか。あいつら、やっと国に帰ってこれたんか。教えてくれて、ありがとうな」

そう言って祖父は健市さんの頭を撫でてくれた。兵隊はいつの間にかいなくなっていた。

次の日、学校で授業中に教頭先生に呼ばれて「おじいさんが病院に運ばれたから家に帰りなさい」と言われた。

そこで急いで帰っていたところ、校門の外に昨日の緑の兵隊が一人、立っていて、手招きをした。走っていくと、兵隊は彼を振り返りながらどこかへ行こうとする。「待って！」と健市さんは走って追いかけた——間もなく、彼と兵隊は大きな総合病院に着いた。

兵隊について二階の病室に飛び込んだとき、祖父は何本ものチューブや機械に繋がれてベッドに横たわっていた。祖母が目を丸くして「健市くん一人で来たの？」と驚いた。それから間もなく駆けつけた両親にもびっくりされた。

数時間後、彼の祖父は家族に見守られながら天国に旅立った。医師が臨終を告げたとき、緑の兵隊たちが再び勢揃いして祖父に敬礼した。そして敬礼したまま、消えていった。

第七一話　人形を見つけた話

健市さんが小さな頃、母はよく彼を連れて里帰りしていた。彼が初めての子、祖父母は健在で親子関係は円満、住まいも同じ九州地方で遠くない。おまけに夫が多忙で留守がちで、年若い専業主婦とあっては、頻繁に帰らない方が不思議だった。

彼が三歳だったその日も、母子は祖父母の家でくつろいでいた。夫が出張に行っている一週間滞在する予定で来た、一日目。桜にはまだ早い春の初めだった。その日は一段と暖かく、風もない穏やかな宵の口、そろそろ風呂に入れねばと、母は健市さんを探していた。

「健ちゃあん！　どこおっとぉ？」

田舎に多い古い日本家屋で、部屋数が多い。襖を開け閉めしながら部屋から部屋へ探して歩くと、さっき蒲団を敷いた奥座敷から、幼い息子の声がする。

「……うん、僕、お母しゃんと来た。お父しゃんはお仕事。おねえちゃんは……」

「誰とオハナシしとっと？」ガラッと襖を開けて訊ねたけれど、声が少し引き攣《つ》ったのは、蒲団の上に息子しかいなかったから。「おねえちゃんと！」と元気よく子どもが答えたので、いよいよ怖くなりつつ「おねえちゃん、どこ？」と訊いた。

「ここばい！」と指差された押し入れの前辺り。無論のこと、そこにも誰もいない。

——これが三日も続いた。自分一人の胸に収めておけなくなり、母は祖母に相談した。「なんで早《はよ》うゆわんと？」と祖母は叱り、村の拝み屋に娘と孫息子を見せた。拝み屋は「その部屋の押し入れを探せば、原因が見つかるだろう」と託宣した。さっそく奥座敷の押し入れを母と祖母が調べたところ、赤い着物の市松人形が出てきた。途端に「あっ、おねえちゃんだ！」と、はしゃぐ健市さん。

母は震えあがって声も出なかったが、祖母は懐かしそうに、「こぎゃんところにあったんね……」と、人形を優しく胸に抱いた。

祖母によれば、これは少女の頃に買ってもらった人形で、嫁入り道具に入れてきたけれど、いつの間にか失くなり、何かと間違って捨ててしまったとばかり思っていたのだという。漆黒のおかっぱ頭が紅絹に映えた美しい市松人形で、長年押し入れにあったのが幸いして傷みも少なかった。祖母は大いに喜んで自分の部屋に飾ることにして、そのときふと気がついたかのように、「そういえば、お雛《ひな》さま」と独り言《ご》ちた。

——もうすぐ三月三日の雛祭りであった。

「以上、生前の祖母からも繰り返し聞かせられた話です。今、件の人形は僕の実家にあります。母は、祖母の形見分けで譲り受けてからは怖がることもなく、大切にしていますよ」

第七二話　野毛の怪談

一〇年ほど前まで、健市さんはプロレスラーだった。

彼は現役の頃、通称「野毛《のげ》道場」こと新日本プロレスの選手寮に小さな女の子の幽霊が出没するという噂を何度か耳にしたそうだ。

しかし、これは有名な話である——七〇年代から二〇一三年に野毛道場が改築される直前まで四〇年あまりの長きにわたって、多くの選手がその幽霊に遭遇してきたという。

従って体験者や語り手が何人もいて、これまでに何度か書かれたり語られたりしてきたので、ご存知の読者さんも多いだろう。

さまざまな年代の複数の選手の体験談だから、話のパターンも一様ではないが、多少、共通点がある。何人かの選手が、その子は赤系の着物を着ていたと語り、また、年齢は五歳から七歳（小学校低学年）ぐらいだったと思う、と証言しているのだ。

世田谷区の野毛といえば、私がすぐに思いつくのは古墳だ。野毛大塚古墳をはじめ大小の古墳や縄文時代の遺跡が数多く発掘されている。

野毛道場の近くにも天神山古墳という小さな古墳がある。野毛道場の最寄の郵便局の隣だから、新日本プロレスの選手たちも知らずにそばを通ってきたはずだ。もしかすると、郵便局に行った折に小さな祠《ほこら》を見つけて、手を合わせた選手もいるかもしれない。

この古墳には、こんな伝説がある——ここは昔から旧家の私有地だったが、代々その家では、これに手をつければ、必ず当主が死ぬと信じられてきた。

しかし地域の土地開発が進み、道路整備がされるにつれて、古墳の丘は周囲を削られた。こうなると、隣の敷地や舗装路に接する側面をコンクリートで固めるしかない。やむを得ず、当主は工事を許可した。

もう祟りの時代ではないだろうという油断もあったに違いない。

ところが、掘り進むと石室が現れて、そこに居合わせた工事作業員三名が次々に高熱を発して倒れてしまった。そこで慌てて石室を埋め戻し、神主を呼んでご祈祷をしてもらい、祠を建ててお神酒を捧げた。

訪ねて行くと、小さな築山のような古墳だった。

コンクリートで土留めが施された丘の頂上に、屋敷神のそれのような祠があるだけで、一見しただけでは古墳には見えないし、祟りがあるようにも思えなかったが……。

第七三話　七本官軍墓地にて

熊本市北区の田原坂《たばるざか》は、かつて西南戦争で一七日間も戦闘が繰り広げられた激戦地で、現在は西南戦争資料館を中心とした公園として整備されている。だが地元では有名な心霊スポットであり、ことに八〇年代から九〇年代にかけては公園内の七本官軍墓地で肝試しする者が後を絶たなかった。

熊本市の健市さんも、バイク仲間二人とここを訪れたことがある。二人はバイト先の同僚で、彼らも健市さんも高二で家も近く、夏休みが始まると、三人で海水浴場などへ遊びに行くようになった。そして目ぼしい遊び場に行き尽くした結果、肝試しを思いついたのだった。

深夜、ウォークマンで浜田省吾を聴きながらバイクを飛ばして七本官軍墓地に行くと、墓地の駐車場で地元の不良三人組ＡＢＣと遭遇した。

「おう、健市やなかか！　久しぶりばい。おまえも肝試しか？」と、暴走族のＡに声を掛けられて、彼は不運を呪った――Ａたちは中学校の同級生だったが、三人とも近所で知られたヤンキーになってしまい、なるべく関わらないようにしてきたのだ。

健市さんと仲間二人は、バイク好きではあっても非行とは縁がない、真面目な高校生。

「一緒に行こうぜ！」と凶悪そうな面構えのAに迫られると断れなかった。

幽霊よりヤンキーの方が怖い。……だが、何事もなく墓地を一周できたのでホッとした。

そこですぐに仲間と目配せし合って帰ろうとした。早く逃げたい一心だったが、「待てや」とAに止められた。「ションベンするけん！」と言って、そこにあった大木に向かって立ち小便をしはじめた。「俺も！」とBも悪ノリし、Cがゲラゲラ笑って使い捨てカメラで写真を撮り出したところ、墓地を囲む樹々が風もないのに揺れだして、潮騒のようなざわめきが辺りを覆ったかと思うと、「ウオーッ」という男の大声が耳を聾《ろう》さんばかりに響きわたった。

――全員、一目散に墓地から逃げ出した。

それから一週間後、AとBの訃報がCから届いた。

「昨夜、パトカーに追われて、乗っとった車ごと橋から転落したんや。しかも……」

Cの話では、AとBの首から下は運転席と助手席にあったが、二人の頭は車から二〇メートル離れた場所に転がっていたのだという。

「それだけやなか！　立ちションするAとBば撮った俺の写真にも、二人とも首が写っとらんで、肩ん上から木ん梢にかけて、オレンジ色ん光ん球が無数に浮かんどったんだ」

健市さんは、その写真を持って神社かお寺でお祓いを受けた方がいいとCにアドバイスしたが、Cは、AとBの葬式の後で行方がわからなくなり、生死が不明のまま今に至る。

第七四話　「うちも死んだん？」

三〇年あまり前、健市さんの小中学校の同級生三人が、無免許運転で暴走した果てに車ごと橋から転落して亡くなった。

運転席と助手席に乗っていた少年二人、後部座席の少女一人――即死した三人ともまだ一七歳だった。そして全員が、地元で悪名高い暴走族グループのメンバーだった。

後日、その少女が族仲間の夢枕に立って「うちも死んだん？」と訊ねるという噂が健市さんの耳に届いた。

――私も死んだの？

そうだと答えると、翌日は、別の仲間のところへ行く。黙っていると行ってくれないから、みんな「そうばい」と答えるしかないのだという。

少女が家のすぐ近くに住んでいたことから、健市さんは不安を覚えたが、暴走族ではなかったので夢枕に立たれずに済んだ。

第七五話　きけじごた真似

一九五六年に公式に発生が確認された熊本県の水俣病。未だに告発と訴訟が続いているが、昨今は患者の高齢化が進み、地元でも重い障碍を持つ患者は滅多に見かけない。

――八〇年代、友昭《ともあき》さんの少年時代には、同じ学校や近所に何人かいて、よく心無いからかいの対象になっていた。当時は差別に対する理解が進んでおらず、暴力はともかく、心理的ないじめは看過されがちだった。

友昭さんの高校の同級生Aは、四肢や手の指を不自然にねじったり突っ張らせたりし、顔をひんまげてみせて、クラスメートの反応を愉しんでいた。

指差して笑う生徒が何人もいた。面白がって、Aの真似をする者までいた。

一方で、「不謹慎ばい！」と怒る者、「うちん親戚にもミナマタん人がおるけん、見ていられん」と泣いて抗議する者もいた。

生活指導の教師は「なんも悪かことばしとらんのに、障碍ば負わされて、亡くなった人も大勢いるったいぞ！」と叱ったが、Aときたら「物真似のどこがいけんとね？　先生こそ差別しとるんやなかと？」などと減らず口を叩くばかりだった。

高二のとき、写真部の生徒が各組の集合写真を撮って、文化祭で展示することになった。

その撮影の際もAは変なポーズを取った。

撮影から二、三日後、Aは写真部の顧問に呼び出され、現像した写真を見せられた。

「この、きけじごた真似しとるのはAくんか?」

「きこじごた?　ミナマタん皆しゃんの物真似ばい。奇形児と一緒にしたら失礼やろ?」

「……こん写真ばよう見なっせ!　〝皆しゃん〟ご立腹や!　心ん底から謝らんば!」

見れば、その写真には、半ば透き通った蒼白い腕が何本も写り込んでいた。どれもAに掴みかかったり殴りつけたり、彼の首を絞めたりしている。

だが、Aは反省を示さないまま、それから何日もせずバイクの自損事故で亡くなった。

友昭さんたちクラスメートがお通夜に呼ばれていくと、Aの父が棺の亡骸を手で示した。

「こぎゃん姿になってしもうた。ばってん最期んお別れやけん、どうぞ見てやってください」

──Aの顔は歪み、体は捻《ね》じれて、両腕は強張《こわば》り、どの指も引き攣っていた。

「納棺師しゃんにも直せんだったんやけん、無免許運転の罰があたったて思うてます」

そう父親が言うと、ずっと泣き伏していた母親が頭を上げて「違う!　変な物真似ばしたせいばい。うちらが育て方ば間違うたせいばい!」と叫んだ。

第七六話　まるで般若のような

般若《はんにゃ》といえば、お能の般若の面を思い浮かべる方が多いと思う。だが本来の般若は、仏教用語の智慧（一切の現象や現象の背後の摂理を理解する力）と同等の意味を持つという。般若によって人は無明《むみょう》の闇を脱する——すなわち解脱して涅槃《ねはん》に至る。

そう考えると説明がつきそうな、逆に言えば、そうでもこじつけないと解釈が難しい現象に糸子《いとこ》さんが見舞われたのは、彼女が一〇歳のときだった。

北海道で両親と暮らしていた一戸建て。その二階の子ども部屋でいつものように眠っていたら、急に、地の底へ引き摺《ず》り込まれそうに全身が重くなって目が覚めた。

胸から腹にかけて、グゥッと上から圧迫されて呼吸が浅くなり、苦しくてたまらないが、目を見開いても、薄青い夜明けの光の中に照らされた天井や壁があるばかり。

両腕が持ち上がらず、声も出ない。必死で両脚を虚しくバタつかせ、左右に視線を走らせていたら、足もとに誰か突っ立っていた。

一所懸命、首をもたげてそちらを見やると、それは千葉に住んでいる母方の祖母であった。

遠方に住んでいるからたまにしか会えないが、毎回、目を潤ませて喜んでくれる、優しいおばあちゃんだ。

それなのに、どうしたことか、今は般若のお面そっくりな表情をしている。

目と目が合っても、祖母は般若のような顔つきのまま、まばたきもせずに見つめてきた。

――なんで？　どうして？　おばあちゃん、怖い顔やめてよ！

怖くなって心の中で「やめて、やめて」と繰り返し訴えていたところ、間もなく祖母の全身が透き通りはじめたので驚愕した。

祖母が消えると同時に、胴体を押さえつけていた重みが取れて、声が出るようになった。

「おかあさん！」と叫びながら子ども部屋から飛び出したそのとき、一階から家の電話のベルがけたたましく聞こえてきた。

すでに起きていた母が「はい」と受話器を取り、すぐに「ええっ！」と大声を上げた。

糸子さんがそばに行くと、母は受話器を置いて両手で顔を覆った。そして「おばあちゃんが」と涙声で言うので、糸子さんは今しがた子ども部屋で起きたことを話そうとした。

しかし、その切っ先を制して、母が「亡くなったの」と説明しはじめたのである。

「ついさっき息を引き取ったばかりですって。脳卒中で倒れて病院に運ばれたけど、ダメだったって、おじいちゃんが……」

――般若の面は悲しみと怒りを表しているとか。彼女は孫との別れが切なかったのだ。

第七七話　常連客

菜央美《なおみ》さんは、離婚して間もなかった二〇代後半の頃、スナックで働いたことがあった。アルコールを一滴も受け付けない体質だったが、苦労人らしいママが快く雇ってくれた。たまたま知り合いが厨房で働いていたから、職場に馴染みやすく、できれば長く勤めたかったが、一年足らずで逃げ出すように退職してしまった。

辞めることになった原因は、ひとえに自分の心の弱さにあったと彼女は言う。

その店には、Aという常連客がいた。四〇代後半か五〇代前半ぐらいのスーツを着た男性で、いつもきちんとネクタイを締めていた。それだけなら似たような男性客が多い店ではあった。ただAは、細かく縮れた髪をアフロヘアのように丸く整えていたのだ。

個性的だからすぐに顔を覚えたが、会話したことは一度もなかった。彼のために、ママは出入口に近いボックス席を用意していた。

週に三、四回も、Aは独りで来店した。毎度、黙ってその席に座り、おもむろに自分で酒を作って飲みはじめるのだ。ママは、開店から閉店までそこにボトルと水割りセットを置くようにして時折注意を払い、彼が飲みだすと隣に座って、低い声で相手をした。

そしてAは、ママ以外の者とは決して口を利かず、目も合わせないのだった。

――勤めが長くなるにつれ、菜央美さんは彼に対する好奇心が抑《おさ》えがたくなってきた。

そんなある日、先輩ホステスと連れだって外で食事をする機会を初めて得たので、「Aさんて凄く不愛想ですよね」と訊ねてみたのだった。

すると、「やめてよ」と先輩は顔をしかめた。「会ったことないのに、なんでそんな……」

「ええ？　でも、しょっちゅう来ていますよ？　ドアのそばの小さなボックス席で、独りで飲んでる、ちゃんとスーツを着てるのにアフロヘアの、変わった感じの殿方ですよ」

「……ママに電話する」と先輩は言い、その場でママに電話を掛けた。すぐに電話を代われと言われて、菜央美さんが先輩の携帯電話を耳に当てると、いきなり「アフロだった？」とママから質問された。ハイと答えたところ、「じゃあ間違いなくAさんね。昔馴染みなのよ。でも五年前のある日、交通事故で突然亡くなってしまって……それからも、このお店が好きでよく来てくださっているの！　そう。あなたには彼の姿が見えるのねぇ！」

その翌日、また飲みに来たAと彼の相手をしているママを目の当たりにして、あらためて恐ろしくなり、彼女は店を辞めてしまった。

第七八話　予知された死神三人

数年前、菜央美さんが少し知っている女性が亡くなった。彼女は仕事熱心なキャバクラ嬢で、一日も欠かすことなくブログを投稿していた。内容は勤め先の顧客が喜びそうなセクシーな自画撮り写真と日常雑記だったが、近況がわかるので、たまにチェックしていた。
ある日、また彼女のブログを見てみたら、いつもより文章が短く、感じも違う。
何かと思えば、悪夢を見た話が書かれていた。
《昨日まじ怖い夢見た～！　死神が三人も出てきて一人ずつ襲ってきてイチイチ殺される夢！　三回も殺された～！　まじ最悪なんだけど～！》
それから一週間ほどしたある日、出勤前のいつもの習慣で直近のニュースをネットで拾い読みしていたところ、ふと、事故を報せる記事が目に留まった。
《二日午前五時五〇分頃、名古屋市C区〇〇の県道交差点で女性が倒れているのを付近の住人が見つけ、一一〇番通報した。愛知県警C署によると、女性は同区〇〇飲食店員××××さん（二一歳）で、すでに死亡していた。現場の状況から××××さんは数台の車にはねられた可能性があるとして、ひき逃げの疑いで捜査している》
名前を見て、ブログの彼女に違いないと確信し、菜央美さんよりも彼女と親しかった共通の友人に連絡した。

するとすぐに返信があり、事故死したのは間違いなく彼女であったことが確かめられた。

さらに友人は、例の悪夢の話を読んでいたと言って、

「あちらのご家族と連絡を取り合っていて、それで聞いたんだけど、まだ新聞には出ていないけど目撃者がいて、タイヤの痕跡からも彼女を轢いた車の台数がもうわかっていて、それが……ちょうど三台なんだって。つまり、あれは予知夢だったってこと……？」

遺族も同じように感じたらしく、世間の話題になることを恐れて、すでに件のブログを閉鎖していた。

また、この翌日には事故の詳報が全国紙に掲載され、そこにも不吉な「三」という数字が踊った――つまり、三台の車の運転手から事情を聴いている旨が記されたのであった。

私も該当する報道を確認してみたが、三台は未明に暴走行為に興じており、最初の一台が被害者をはねると、後続する二台は止まる余裕がなく次々に轢いてしまったとのこと。

遺体の損傷は、三台のうちどれが致命傷を与えたか判然としないほど著しかったという。

第七九話　逗子の踏切

二〇年ほど前、当時三六歳の誠壱《せいいち》さんは、神奈川県鎌倉市の老人ホームに介護士として勤務することになった。ところが勤めだして間もなく、初めて夜勤シフトが入った日の夜八時頃、通勤途中に電車が急停止して足止めを喰らってしまった。

そこは逗子市のとある踏切だった。理由はどうあれ初夜勤に遅刻したくない。気は焦ったが、なすすべもない。鈍い衝撃が伝わってきたかと思ったら、ピーピーピーと異常を告げる音が鳴り響き、すぐに車内アナウンスが流れた。

「緊急停止信号です。人身事故が発生しました。救護のため停車いたします」

中途半端な時刻の下り電車であるせいか、彼が乗っている車両には数人しか乗っていなかったが、みんな落ち着かないそぶりで窓の外を気にしはじめた。

彼も立ちあがって、窓の外を覗いてみた。

何両か後ろの車両の辺りを懐中電灯を手にして歩きまわる人々のシルエットがあった。人が轢死《れきし》したのかもしれない。飛び込んだのか、踏切に立ち往生してしまったのか。想像するとゾッとした。しかし一〇分あまり経ち、再び放送されたアナウンスは、「安全が確認できたため間もなく発車いたします。一〇分半の遅延となりまして、次の〇〇駅には二〇時××分到着の予定です。ご迷惑をお掛けしたことをお詫び申し上げます」というものだった――つまり人身事故ではなかったのだ。

不幸がなくて良かったが、では、なぜ急停止したのだろう？　複雑な気持ちでいたところ、二週間後に、またしても同じ踏切で同じぐらいの時刻に、電車が止まった。

そして、長いこと待たされた挙句、事故がなかったことがわかったのである。

それからも、月に一、二回の割合で、同様のことがその踏切で起きた。時刻も毎回、夜八時前後。二年六ヶ月後、別の福祉施設に転職するまで、それは続いた。

――ごく最近、誠壱さんは、問題の踏切が心霊スポットとして有名な場所だったことを知ったという。

全国の心霊スポットを地図付きで紹介するサイトで紹介されていたというので、私も見てみたが、平成四年頃に起きた怪異として誠壱さんが体験された出来事が記されていた。

「白い服を着た女が線路を横切ろうとした」と運転士は主張したが、車掌たちが車両の周囲をくまなく探しても何も発見できなかった――その後も同じことが繰り返し起きた、と。

踏切のそばに大正四年建立の轢死者供養塔があり、一説によれば、昔から今までにここで電車に轢かれて亡くなった人々の霊が怪異を招き寄せているのではないか、という。

第八〇話　魔女の家族

中学校教師の勝基《まさき》さんは五年前にスピード離婚した。同居期間は約二ヶ月で、相手は四〇歳前後のAという女医。当時彼は四六歳で初婚。Aは四〇歳でいわゆる「バツ2」だった。

二人は結婚紹介所が運営するマッチングサイトで知り合い、勝基さんはAの美貌と経済力を好もしく思ったし、お互いに結婚を渇望していたために、すぐに意気投合した。

そこで彼はAを両親に紹介した。Aは如才なく振る舞い、父母の心をたやすく掴んだ。

「私は、うんと若い頃に両親と弟が事故で他界していて、家族がいないのです。代わりに犬を三匹飼っているので、結婚後はペット飼育OKのマンションを借りたいと思います」

彼女は「もうこの歳で三度目の結婚ですから」と言って結婚式などを拒んだが、勝基さんも若くはないし、両親も収入が乏しかったので、ありがたい申し出として受け留められた。

また、「実はまだ家族の墓を建てていないのです。両親や弟と別れがたくて……」という話にも、そのときは不信を抱かなかったのだという。

入籍後、引っ越しのために勝基さんが彼女の家に行くと、三匹のチワワ犬がいて、彼に向って盛んに吠えた。だが、Aが「シッ！」と叱るや鳴きやんだので、彼女は犬のしつけに厳しいようだと彼は思った――それまでは優しい顔しか見ていなかったので意外だった。

荷物の運び出しが終わって、見落としている物がないか各部屋を点検しているときに、廊下で一〇歳ぐらいの男の子にばったりと遭遇した。勝基さんが驚いて「どこの子？」と訊ねると、何か言いたげな、そしてどこか悲しそうな表情になったが、黙って後ろを向いて……歩きだすかと思いきや、形がぼやけて薄くなり、あっという間に消えてしまった。

唖然としていたら、Aがチワワを一匹抱いてきて、「さあ行きましょう」と彼を促《うなが》した。

「今、小学生ぐらいの男の子の幽霊が出たんだよ！」と言うと「それは弟だわ」と彼女は応えて、抱いているチワワを撫でた――チワワは小刻みに震え、彼女から目を逸らした。

新居のマンションでは、三匹の機嫌が何よりも大切だとAが訴えたために、彼が書斎にするつもりだった奥の八畳間が犬専用とされ、彼には玄関に近い四畳半が割り振られた。

「抱き合うのも、しばらくはやめておきましょう。この子たちが嫉妬するといけない」

Aはこう言って、さらには「私が眠ってから帰るのは禁止よ」と宣言し、彼が付き合い酒を過ごして零時過ぎに帰宅したら朝まで締め出した。

そこで勝基さんは実家に戻り、別れを決意した。Aは彼を引き留めようとせず、三〇万円の慰謝料を請求してきた。払う筋合いはなかったが、手切れ金だと思って払い、離婚した。

「一緒に居たとき、犬の部屋から人の声がしてくるのが何より恐ろしかった」と彼は言う。

第八一話　いわくつきの隣家の跡

シリーズ前作『一〇八怪談　飛縁魔』にもご登場いただいた仏壇屋の昭二《しょうじ》さんが昨年、店の近くのとあるお宅を盆灯篭《ぼんとうろう》の修理に訪れたところ、戸主の妻が話したそうにした。お得意さんで、顔見知り。家人が留守のようだったから、暇なのだろうと思いきや、「いつか誰かに打ち明けたかった」と言うので、彼はすぐに「さては、あの件や」とピンと来た。というのも、その家の二軒隣に建っていた家で、八、九年前に一家殺人死体遺棄事件が起きていたのだ。惨劇の舞台になった家の隣が彼女の夫の兄（義兄）の工場兼住所、その隣がこの家である。

犯人はその家の五〇代の息子で、一見、好人物だったのだが、事件が発覚する二ヶ月前に父が急死すると、ひと月後に母と姉を鈍器で殴るなどして殺害し、腐敗を促進させる菌が配合された大量の培養土と共に、物置の床下に二人の遺体を埋めたのだった。

因果なことに、この犯人も、昭二さんの得意客だった時期があった。

そして、事件後の土地を彼女の義兄が買い取って駐車場にしたことも、彼は知っていた。

「地鎮祭は、それもう、盛大にやったんや」と、その奥さんは言った。

――お祓いした甲斐があったとは思えない、と彼は陰気な気分で考えた。

なぜなら、ここ数年間、この家と、隣に建つ彼女の義兄の家から、仏具の購入や修繕の注文がやたらと増えていたからだ。つまり家族や親族の不幸が続いているわけだ。

「地鎮祭を済ましてから工事をしたんです。整地してアスファルトを敷いて……完成する前に義兄夫婦と同居してた長男の家族仲がおかしなって、お嫁さんたちが出てって離婚！　お義姉さんは重病に罹って今も入院したっきり！　工場は倒産寸前！　義兄は後悔することしきりで……鬱《うつ》っぽなって、半病人や……。親戚の不幸も続いてますぅ！」

「なんとまぁ……かける言葉もありましぇん。お気の毒です」

「あんたは、犯人をご存知ですよの？　私もです。義兄の家とうちは仲が良うて、一つの大家族みたいなものだで、あの家は私にとっても、お隣さんでした。殺されたご家族とも交流があったしね。あの人たちが殺したり殺されたりして……しかもご遺体を早う腐らしぇようとしたなんて……ほんなことがあった土地を、あんた、買えるものですか？」

返答に窮すると、彼女は「義兄の家には、連日連夜、幽霊が出たそうやざ」と言って、彼が修繕したばかりの盆灯篭のＬＥＤを点灯させ、「お盆には、うちもね」と気がかりなことをつぶやいた。しかし明るんだ灯篭の周りが逆にグンと暗くなった気がして空恐ろしくなり、話の先を促すことなく、そそくさとその家を後にした。

第八二話　永久の母子

大阪の弘介《こうすけ》さんから三年ぶりにご連絡をいただいた。以前聴いたのは、アパートの隣室の男に母と共に散々嫌がらせや暴行を受け、男が病死した後も、母はその亡霊に悩まされた挙句に弘介さんと心中を図った。無事に済んだものの母は精神科に入院した、という話だった。

再びインタビューさせていただくことになり、約束の日時に電話をすると「母が亡くなりまして」と開口一番で彼は言った。そこで、お悔やみを述べたが、乾いた笑い声を立てて、「肩の荷が下りてホッとしているんですから、ええんです。せいせいした！」と、最後は吐き捨てるような口ぶりで……。

私にはまだ話していないことがあるのだと察しがついた。案の定であった。

「僕は母に対して、激しく思うところがありました。七歳の僕を連れて離婚してから、貧困から這いあがれんと、僕も巻き添えを喰ろうた。前回は話しまへんでしたが、実は、僕は一度ならず母に殺されかけたんですよ。最後にそうなったのが、隣の男の件の直後で……」

私は彼の体験談を思い返していた。彼は中年を過ぎても母親と二人暮らしをしていた。隣家の老人が原因で心を病んだ母が彼に包丁を突きつけ、幸い二人とも無傷で済んだのだが。隣

「これも言うてまへんでしたけど、そのとき僕も躁うつ病で、障碍者手帳を取っとったんです。この手帳のお蔭で、前回のインタビューから少し後に母が精神科を退院すると、帰宅させへんで老人ホームに放り込めた。それで、ようやく母から逃れられたんや……」

母が奈良県の福祉施設に入所すると、彼は、世話になった福祉課や施設の関係者からの電話を着信拒否にした――そして二年が過ぎた。

「あるとき、SNSで知り合うた女性とツイキャスで会話しとったら、女の人の声がする言われました。『うん、うん』て僕の言うことに相槌を打ってる、と。ほんで、その女性は霊感があって、その場で霊視して、こんなふうに説明してくれました」

――相槌をうっている女は、あなたを傷つけた隣人を地獄へ連れていった。彼女はあなたの隣にいる。この人は、たぶんあなたのお母さん。家に帰りたがって泣いていますよ。

「それ聞いて、僕は心が破裂したように感じて、号泣してまいましたで。ツイキャスを終えて、スマホを見たら母がおる施設からメールが届いてましてん。電話は着拒やったさかい。なんや思うたら、母が僕の名を呼んでるちゅうんや。施設の人は、お母ちゃんはだいぶ心臓が弱っとって、いつ逝ってもおかしないさかい最期に会いに来たってほしいって……」

弘介さんは行かなかった。施設から訃報が届いて臨終を知り、荼毘にも立ち会わず、お骨は公立墓地の無縁墓に入れた。だが、母の魂は今も隣に寄り添っていると彼は言う。

第八三話　約束と虫の知らせ

東京の下町で理容室を営む秀晴《ひではる》さんの郷里は、広島でもだいぶ田舎の方だ。だから昔、Aという刑事が初めて店に来たとき、同郷人だと知って驚いた。しかもAは干支で一回り上の大先輩ではあったが、出身高校も同じだった。これにはAもびっくりしていた。

それから二〇年あまり、秀晴さんはAの髪を刈ってきた。

Aは彼の理容室の近所にあった警察の独身寮を出て、他所に住むようになっても通ってきてくれた。結婚したら店のすぐ隣に家を買い、定年退職して元刑事になっても、大病をして車椅子になっても、常連でありつづけた。そして、来れば必ず故郷の言葉で会話した。

あるとき秀晴さんは、Aに、亡くなった常連さんの幽霊に遭った話をした。

「じゃったら、わしも死んだらこんなのところに出ちゃるかぁ」

「Aさん、そりゃ良うない冗談じゃよ。もう若うないんじゃけぇ」

彼は、電動車椅子に座るAの体が、最近ことに薄くなってきたような気がしていた。

「こいつに座ったまんまでええ感じにやりよる床屋は、こんな以外に知らんけぇ、死んでも来るしかあるまぁよ。わしゃ本気じゃ。約束じゃけぇの、楽しみに待っとってよ」

苦笑いするしかなかったが、内心では切なくてたまらなかった——その二週間後。

夕方から、左の親知らずの跡がズキンズキンと疼《うず》きだした。

抜いたのは大昔のことで、痛むわけがないのである。

だが、ここが痛んだことが過去に二回だけあった。

父方の叔母が自ら命を絶ったとき。長患いした妹がついに亡くなったとき。

どちらも、痛くなりだした頃に臨終したことが、後からわかった。

嫌な予感としつこい痛みに悩まされながら仕事を終えて、店の上にある自分の部屋に帰ると、窓のカーテンの前に、真っ黒な人影がのっそりと佇んでいた。

慌てて電気を点けたところ、瞬時に人影は消えた。同時に、件の疼きも治まった。

翌朝、開店の準備をしていたら、店の前に黒塗りのワゴン車が停まった。次いで、隣のAの家の方からグレーの死体袋を防護服の人たちがストレッチャーで運んできた。

その後ろにAの妻と娘がついてきて、合掌しながら死体袋が車に積み込まれるようすを見守っていた。折からの感染症対策のために、遺族の同乗が許されないようだった。

――Aさんだ。亡くなったけぇ、本当《げ》に訪ねてきてくれんさったんだ。

享年七二才。検死の結果は心不全だったが、あまり苦しまず、家人が気づかぬうちに、眠るように息を引き取っていた、とのこと。

第八四話　久留里からの帰り道　――白い女――

残暑の頃のある日、トランペット奏者の博志《ひろし》さんは、千葉県南部の久留里城址《くるりじょうし》で音楽関係の知人と待ち合わせをした。楽譜を貸す約束をしたのだが、それが貴重な物なので、宅配便で送るのは不安だった。また知人の妻が神経質な人で、自宅に他人が来ることを極度に嫌った。そして、その家というのが、久留里城址の付近にあったのである。

博志さんは東京郊外に住んでいる。せっかく一時間半もかけて行くのだから、名所旧跡をついでに見物するつもりで、城跡の駐車場を待ち合わせ場所に指定したのだが……。

午前中は晴れていたのに、約束の午後二時に到着すると、折しも小雨が降りだした。

それで、城跡を見物する気が削がれた――ここから天守閣までしばらく山登りしなければならないのだから、いずれにせよ、もっと涼しくなってからの方が快適だろう。楽譜を返してもらうときに、また来ればいい――。

そんなことを考えながら知人を待っていると、後ろの方に白いワゴン車が停まった。

知人の車だと思った。しかし、車から降りてきたのは三人の女だった。

三人とも純白の半袖ワンピースを着て、日傘のような白いレースの傘を差している。粒の細かい小雨が降りしきる中、彼女たちは、うっすらと発光しているように感じられた。

見ていたら、三〇〇メートルほど離れた駐車場の端に移動して井戸端会議を始めた。なぜあんなところで、と思いながらルームミラーを見ると、白いワゴン車が見当たらない。そのとき助手席側の窓がコツコツと叩かれた。振り向くと件の知人の顔があった。助手席のドアを開けると、傘を畳んで乗り込んできながら「近いから歩いてきた。待たせちゃってごめん」と言い、すぐにバタンとドアを閉めた。

すると、助手席の窓の外に、近々と、さっきの白い女たちが静かに佇んでいた。

「……僕もう帰らなくちゃ。悪いね！　はい、これ約束の楽譜！」

楽譜を入れたケースを胸に押し付けるように渡して、知人を車から降ろした。

三人の女は、まだそこに立っていた。傘の陰で顔が隠れているが、こちらを睨みつけているような気配が伝わる。だが知人は彼女らを感知していないかのように振る舞った。

三人の前に立って、「気をつけて！　また来てね！」と彼に明るく手を振ってくれた。

――走りだした途端に雨足が早くなった。城跡から離れて県道に出るとき、またルームミラーを見たら、後部座席に座る白い服を着た若い女が映っており、鏡越しに目が合った。

息を呑んでブレーキを踏んだその瞬間、沿道から猪が飛び出して、目の前を走り抜けていった。路肩に停め、雨の中に飛び出して車を振り返ると、後部座席には誰の姿もなかった。

第八五話　久留里からの帰り道　――天使とドライブ――

博志さんは久留里城址からの帰り道で、突然、後部座席に白いワンピースを着た女が現れたので驚愕してブレーキを踏んだ。途端に脇から猪が車の鼻先を駆け抜けていった。

車を停めて、降りしきる雨の中に転がり出て、振り返ると後部座席の女は消えていた。

雨はますます強まり、城跡の駐車場を出たのは午後二時過ぎだったのに、なぜか黄昏の気配で、辺りが薄暗い。

恐々と運転席に戻り、時刻を確かめると、どういうわけかすでに午後五時であった。

呼吸を整え、エンジンを掛けてルームミラーを見た――と、後部座席にさっきの女と、その隣にも同じ白い半袖の服を着た別の女が映っており、さらに視界の隅に助手席にも三人目の白い女が入ってきたので――再び運転席のドアを開けて外に飛び出した。

しかし、車の方を振り返ると、三人の女の姿はどこにもなかった。

土砂降り。車のエンジンは掛けっぱなし。ライトも点けっぱなし。

――バッテリーが上がるまで、そこに立ち尽くしているわけにもいかない。

嫌な展開が読めるような気がしつつ、再び意を決して運転席に乗り込んだところ、悪い予感が的中して、女たちは三人とも、依然としてシートに座っていた。

彼は「アーメン！」と十字を切って神に祈った。……敬虔なクリスチャンだったのだ。

すると女たちは揃って吹き出し、助手席の女が笑いながら「私たちは天使よ」と言った。

「不安に思うことは何もないから、家に帰りましょうよ」

不思議なことに、そう言われると彼はたちまち安心し、「わかりました」と応えて車を発進させた。

彼女たちは三人とも美人だった。揃いのワンピースを身につけていたが、容貌は三人それぞれ。年齢は二〇代から三〇代。助手席の女がいちばん年長で、もっとも積極的だった。

しばらくすると、彼女が話しかけてきた。

「あそこに自転車に乗ったおじいさんがいるでしょう？　あのおじいさんは、もう死んでいるのに気がついていない。まだ生きているつもりで自転車を漕いでいるの」

指差された方で、ごくふつうの老人がのんびりと自転車を漕いでいた。では、あれは幽霊なのか……と考えて、ふと思いついた。二〇年前に友人が交通事故で死んだ場所を間もなく通過するが、もしかすると友人の亡霊があそこに留まっているのではないか、と。

やがて差し掛かったその場所には、黒い人影が佇んでいた。友人の霊だと直感したが、口を開くより先に隣の女が「黒い者は悪霊よ」と指摘したので、黙ってそこを通り過ぎた。

第八六話　久留里からの帰り道　――海ほたる――

彼の車に乗っているときしか姿が見えない、白いワンピースを着た三人の女――自分たちのことを天使だと自称している――と、博志さんは、千葉県の南部から東京を目指した。助手席に一人、後部座席に二人。三人とも揃いの衣装を着て、同じ白いレースの傘を持っている。九月初めの雨の夜、車はやがて東京湾アクアラインの海ほたるに到着した。

「ここで少し休憩していこう」と彼は三人に提案した。

三人とも喜んで、助手席の女は「海ほたるは初めてよ」と言って彼に微笑みかけた。

――それなのに、自販機で四人分の飲み物を買って車に戻ると、彼女たちは消えていた。

今までは、車の外から見たときはいないように見えても、運転席に戻ると姿を現した。だが、今回は、運転席に乗り込んでも彼女らは出現しなかった。

彼は独りで夜の海をしばらく眺めて、海ほたるを後にした。

――以上、前々項からの出来事は四年前の体験だそうだが、実は彼は今でも三人の女の顔や髪型をはっきり憶えており、彼女たちに再会したいと願っているとのこと。

「三人とも、ほのかに輝いていていました。本物の天使でした」と彼は遠い目で私に言った。

第八七話　南国の寺

本門佛立宗《ほんもんぶつりゅうしゅう》は、幕末に本門佛立講として日蓮宗から分派、昭和二二年に本門法華宗から独立した。戦後に公認された新しい仏教宗派だが、国内外に約三〇万人の信者がおり、全国各地、海外にも寺院がある。

七〇年代生まれの毅《つよし》さんが育った本門佛立宗の寺は、鹿児島県にあった。

よく鹿児島県は「南国鹿児島」と称される。彼がいた寺の写真などを拝見したところ、境内に植えられたソテツが異国情緒を漂わせていて、お寺も南国風なのかと感心した。

東京者の私には物珍しい光景と思えたが、大阪の堺には、ソテツが自慢の妙國寺《みょうこくじ》という寺があるそうだ――その由来が一種の怪談だったので、ご紹介したいと思う。

江戸後期に出された『英傑三国誌伝』や妙國寺が公開している縁起によれば、かねてより同寺には遠い南国から運ばせたソテツがあった。だが、新奇な物が三度の飯より大好きな織田信長にそれを知られてしまった。

なにしろ信長はあの性格であるから、当然、強引にソテツを奪い取り、安土城に植えた。

この仕打ちに、ソテツは納得せず、毎晩々々「堺へ帰ろう」とすすり泣いた。

私なら哀れを催すところだが、信長はこれを一種の反抗と見做《みな》して激怒、「鳴かぬなら殺してしまえホトトギス」よろしくソテツを家来にバッサリと伐らせた。するとソテツは、傷口から真っ赤な血を噴き出し、幹をよじって苦しみ悶えはじめた。その姿、まるで手負いの大蛇の如し。さしもの信長も不気味さに耐えかねて、このソテツを元の妙國寺に返した。ソテツは瀕死の重傷を負っていたが、読経してやると快復した。

——と、そんなソテツが似合う南国の寺で子ども時代を過ごした毅さんからお話を幾つか伺った。

彼が寺に住むことになった理由の一つは、三歳で重い麻疹に罹ったこと。

昭和四〇年代後半のことだ。麻疹の予防接種は義務化されておらず、田舎の医療は遅れていた。往診した医者は早々に匙《さじ》を投げ、毅さんの命は風前の灯と思われた。

実は、彼の両親は第一子を死産で喪《うしな》っていた。そのうえ一粒種のこの子までも……。絶望的な状況の中、彼の父は、以前から信心し、得度を受けていた本門佛立宗の大僧正に伏して頼んで病児の枕もとに招いた。大僧正は「南無妙法蓮華経……」とご祈祷してくれた。

すると驚いたことに、たちどころに子どもが快復してしまった。そこで毅さんの父は深く仏門を志し、僧侶の修業を積んで、ついには家族を連れて鹿児島の寺に入ったのである。

毅さんは「あのとき幽体離脱して、寝ている自分を上から眺めていました」と言っていた。魂が肉体に戻れて幸いだった。件のソテツと同じく、読経に救われたわけだ。

第八八話　しょうげおとし　——蛇——

——寺への引っ越しは、毅さんが八歳の夏休みのことだった。

一家は代々鹿児島県内に住んで、曾祖父の頃までは温泉旅館を営んでいた。ところが祖父が活動写真の弁士になり、その後、実業家に転じるという変わり種だった。

そして父は僧侶になり、先祖から受け継いだできた土地を妻子と共に離れたのである。

その寺院は緑豊かな山の中腹にあって広い境内を有し、そこで住職以下一〇名以上の僧侶と、彼らの家族が暮らしていた。

ちなみに本門佛立宗では住職を「導師」、弟子の僧侶を「講師」または「教務」と呼び、毅さんの父は教務長の立場だそうだが、本稿ではわかりやすさを優先して、一般的な呼称を使わせていただく。ただし「寺族」については、本来は住職の家族を指すが、毅さんの寺では僧侶の家族はみんな寺族と呼んでいたそうなので、そこはそのまま寺族とする。

——さて、毅さんと両親は境内に建てられた寺族専用の集合住宅に住むことになった。

それは二階建てのビルで、彼の家は二階にあり、一階には本堂と繋がる渡り廊下があった。

ここでの暮らしが始まると、まずは寺族の子たち二〇人あまりと引き合わされ、登校前と帰宅時には本堂で《惣懺悔文》というお経をあげることなど、日課や規則を教えられた。

――高二の春、夕方に帰ってきて、いつものように本堂へ行くと、六〇畳のお堂を所狭しと這いまわる異様な女がいた。

両腕を体の両脇にピッタリとつけて腹這いのまま、全身をのたうたせているのだが、その動きの速いこと！　あっという間に彼の足もとまでクネクネと接近してきた……と思ったら方向を変えて、お堂の柱に巻きつきながら上りはじめた。

およそ人間には不可能な動作である。

それを父を含めた僧侶と住職が一丸となって鎮《しず》めようとしていた。総動員で読経しながら柱に巻きついた女を取り囲む――次第にその輪を縮めていく――と、そのとき。

「ギャワーッ！」と女が凄まじい咆哮《ほうこう》を放った。

途端に本堂の障子がすべて四方八方に吹き飛び、窓ガラスに亀裂が走った。

驚愕した毅さんは慌てて本堂から逃げ出してしまい、その後の経過は見なかったそうだが、夜、帰宅した父に訊いてみたら、「無事に落とせた」と応えたとか……。

こうした憑き物落としを、この寺では「しょうげおとし」と呼んで、よく行っていた。

しょうげを漢字で書けば、障礙または障碍。物事の発生や持続の妨げを表す仏教用語だが、平安時代の末頃から魔物や怨霊による障りを意味するようにもなったという。

第八九話　しょうげおとし　――呪われたクラス事件――

毅さんが寺族の子として暮らした寺院には、時折「しょうげつき」の人が連れてこられた。しょうげは「障礙／障碍」。元は仏教用語で物事の妨げという意味だが、平安時代末期からは魔物や怨霊による障りを指すようにもなった。彼がいた寺では憑き物を落とすことを「しょうげおとし」と呼んでいたそうだから、後者の解釈を採用したのだと思われる。

彼は八歳の頃から、二〇人あまりの寺族の子どもたちと共に、さまざまな憑き物を目撃してきた。前項の蛇憑き然り。他にも、蛙跳びでピョンピョンと跳ねる人や、四つん這いになって本堂の中を猛スピードで駆け回る人を見たことがあるとか……。

しかし、いちばん衝撃を受けたのは小四のときの「呪われたクラス事件」だという。「呪われたクラス事件」は彼の小学校の生徒らや保護者の間での通称だが、問題のクラスとは毅さんの学級に他ならず、クラスメートの女子一一人が被害に遭ったので、彼にとって忘れがたい一大事であることは想像に難くない。

事件の原因はコックリさんだった。

二学期のある日、昼休みに、教室の後ろの方に女子グループが集まって、折から流行していたコックリさんに興じていた。ところが、五時間目の授業が始まっても席に戻らない。

先生が叱ると、女子たちは「コックリさんが鳥居に帰ってくれんけん、やめられん」と応えた。そこで力づくでコックリさんの紙を取り上げたところ、全員が雷に撃たれたかのようにバッタリと床に倒れ、激しく痙攣《けいれん》したり奇声を上げて転げまわったりしはじめた。

そして、彼女らは全員、毅さんの寺でお祓いを受けることになったのである。

住職や彼の父をはじめ一〇人あまりの僧一同が本堂で待ち構える中、それぞれの親御さんが娘たちを本堂に引き摺るようにして連れてきた。まともに座れる子は一人もいなかったが、とりあえず横一列に並べると、まず、住職が全員に説明した。

「こがん症状はしょうげ憑きやけん、憑き物ば落とせば治ります。ご安心ください」

ほどなく僧侶が総出で読経を開始した――と、女子たちが一斉に跳ね上がった。

そこからは阿鼻叫喚《あびきょうかん》。ギャンギャンと獣の声で叫ぶ子、座ったまま跳ね回る子、泣き喚きながら住職に殴りかかろうとする子、親御さんたちも泣いたり我が子を叱ったり。

だが、やがてみんな静かに座り込んで、住職に頭を垂れて読経を聴きはじめた。

――一部始終を、毅さんたち寺族の子たちは、本堂の窓に鈴なりになって覗き見していた。

その週、彼のクラスは学級閉鎖になったが、月曜日に再び登校してきた一一人の女子は、それこそ「憑き物が落ちたように」正常に戻っていた、とのこと。

第九〇話　冥福

人の不幸の折に「ご冥福をお祈りします」と言ってはいけない仏教宗派があるのは百も承知で、この題をつけた。

冥界に亡者が彷徨《さまよ》うというのは仏教と関係ない俗信で、往生即成仏が正しい仏の道。そう信ずる浄土真宗、浄土宗。臨済宗や曹洞宗など禅宗も霊魂の存在は認めない。

一方、霊魂は存在し、時に冥途に迷うとする宗派もある。真言宗、天台宗、日蓮宗、そして毅さんが育った寺の本門佛立宗などでは、鎮魂、除霊、加持祈祷を行い、死者の冥福を祈ることもできる。

毅さんが小四の晩秋、南国鹿児島にも冬に気配が少しずつ近づいてきた頃に、仲の良い同級生Aの家が火事になった。平日の夜に出火したので、毅さんは、翌日登校しても親友が欠席した理由を知らず、風邪でもひいたのかと思っていた。

ところが学校が終わって帰宅すると、母が眉を曇らせて「昨日ん夜Aくんの家が火事になってん、さっき連絡があった」と言った。Aとは家族ぐるみで付き合いがあり、母も案じているようす。彼も心配でたまらず、「見てくる」と、Aの家へ自転車で駆けつけた。

着いてみれば、黒い骸骨と化した家の残骸が、焦げた異臭を放っていた。道を挟んで家の正面にある電柱にも煤の跡があり、その陰にAの父が悄然と立ちつくしていた。焼け出されたときのままと思しき着古した部屋着と相まって、たいへん哀しい姿だ。近づくと赤い目で振り向いたので、「燃えてしもうたね」と話しかけた。

「全部、燃えてしもうたばい」

「Aくんは無事と?」と訊くと「うん」という返事。ホッとして「よかった!」と彼が言った。しかし友の父の反応は、奇妙に薄く、どこか曖昧であった。

「そうやなあぇ……」と応えると、炭になった家に視線を戻して、ぼんやりと眺めている。慰めるすべもなく家に戻ると、母が「どうやった?」と訊くので「Aくんのお父さんに会った」と話したところ、なぜか顔色を変えて、「こがんときに、ふざけて!」と叱られた。罰として本堂でお題目をあげさせられたが、ふざけたつもりがなく、釈然としなかった。しかし翌日、学校でクラスメートにこの話をしたところ、級友に「Aくんのお父さん焼け死んだっさ」と言われたので何もかも腑に落ち、家に帰ると真っ直ぐに本堂へ行って、いつもより心を込めてお題目の「南無妙法蓮華経」を唱えたのだった。

Aとその母や弟は無傷で、同じ場所に家を建て直し、その後もずっと住んでいた。Aの父は電柱の陰からしばらく家族を見守っていたが、新しい家が建った頃から見かけなくなった。

第九一話　言霊つけ火

あるとき、毅さんたち寺族が暮らすビルの一階に学習塾が出来た。

八〇年代半ばの当時にパソコンを用いて数学の授業を行っていたというのだから、寺小屋のイメージを一新する最先端の塾である。

中一だった毅さんを含め寺族の子らは、半ば強制的にここに通わされることになった。

勉強が、特に数学が好きなら、便利でよかった。同じビルの二階に住んでいたわけだから。

残念ながら彼は数学が非常に苦手であった。授業が始まると精神が逃亡を図りはじめて、気が遠くなるのである。つまり居眠り。すると当然、こっぴどく先生に叱られる。

毎回この調子だったから、あるとき先生の堪忍袋の緒が切れた。

「こがんヤル気んなか子は来んでよか！　おまえは、もう来なしゃんな！」

他の子たちの面前で叱られて傷ついた彼は、二階の家に走って戻ると感情を炸裂させて、

「あがん塾、燃えてしまえばよかと！」と叫んだ。

その直後、ビル中の火災報知器のベルが鳴り響いた。

火事が起きたのだ。結局、ビルの一階部分が半焼し、件の塾は閉鎖されてしまった。

さらに、パソコンのケーブルから出火したのが原因だったと判明した。

言霊を操って火をつけても不能犯だから罰されることはないが、何か空恐ろしさを感じた彼は、事の次第を母に打ち明けた。

母は彼に「本堂に行って手ば合わせなさい」と厳かに命じた。

南無妙法蓮華経南無妙法蓮華経と繰り返し祈っているうちに、彼は反省を深めた。

やがてビルの修繕が済んで学習塾が再開されてからは、心を入れ替えて真面目に授業を受けるようになったのは言うまでもない。

第九二話　鼠殺生とお題目

毅さんが子ども時代に聴かされた法話の一つが実話の怪談だったという。

――京都の末寺で新しく檀家さんになったご夫婦は、公団住宅の三階に住んでいた。

初めて仏壇を購入して、住職から檀家用の御本尊を貰って祀り、供え物をしたのだが。

「鼠が出たらどうしまひょ」

妻が不安そうに訴えた。

「御本尊やったら、仏具店で額装してもろうたさかい齧《かじ》られへんし、安心やで」

本尊は、お題目と曼荼羅《まんだら》文字を墨書した和紙だが、ガラスを嵌《は》めた額に納まっていた。

「ちゃうの。お供え物のことやで。ご飯をこないなとこに出しとくのんは心配やわ」

「それもそうや」と夫は言って殺鼠剤《さっそざい》を買ってきた。「こいつを供物のご飯に混ぜよう」

朝、夫が殺鼠剤入りのご飯をこしらえて仏壇に供え、夫婦で御本尊に向かってお題目を唱えた。それから二人とも仕事に行った。

妻の方が夫より早く帰宅した。三階の廊下を自分たちの部屋に向かって歩いていると、たまたま出てきた隣家の夫人が、挨拶がてらに話しかけてきた。

「なんや法事があったんか？　少ぉし前に、錫杖をついて笠を被ったお坊はんが三人も、お宅から出ていらしたわよ？」

これを聞いて妻は慌てた。てっきり托鉢僧を装った空き巣に入られたと思ったのだ。

しかし金目の物は盗られていなかった。失くなっていたのは、ただ一つ。

額装した御本尊の文字がすべて消えて、まっさらな白紙になっていたのだ。

そこで妻は寺に電話を掛けて、留守の間に御本尊の文字が消えたことを伝えた。

――ありがたい御本尊に、なぜそんな不思議なことが起きたのか？

非常にいぶかしく思ったご住職は、すぐに夫婦の家を訪ねて仏壇を見せてもらった。

すると供物のご飯に毒々しいピンク色の粒が混ざっているではないか。

「こらなんどすか？」

「鼠来ると嫌やさかい、殺鼠剤をご飯に混ぜたんどす」

「なんちゅうこと……。仏さまのお供物に毒を？　殺生を考えながら、お題目を？」

夫の帰宅を待ち、夫婦で住職に説教を受けた。そして改めて新しく炊いたご飯を茶碗に盛って供え直し、住職に唱和して読経したところ、消えていたお題目「南無妙法蓮華経」と曼荼羅文字が下の方から紙に浮きだしてきて、やがて元通りの御本尊に戻った。

第九三話　煩悩人形

毅さんたちが暮らしていた寺は山麓にあり、広い境内に寺族が暮らす集合住宅をはじめさまざまな施設を有していて、その中に謗法蔵《ぼうほうぐら》という私には耳慣れないものがあった。

「どういう蔵ですか？」と質問すると、「呪いの人形や呪物を入れるんですよ」との答え。

謗法とは、正法＝仏教の正しい教えを誹謗＝貶すことを意味する「誹謗正法」という仏教用語の略。ここから、「成仏しないもの＝謗法」という意味で使う宗派もあるという。

だから謗法蔵は、成仏不可能な呪われた物を納める蔵ということになる。

――彼が高校生の頃、父が担当していた檀家さんに、人形作りが趣味の女性がいた。

熱心な信者さんで、「昔から心ん病に苦しめられてきて、医者に掛かってん、いっちょん快方に向かわん。ばってん、仏教ば信心するごとなって良うなった」と常々話していた。

あるとき御礼にどうぞと言って、父に手作りの人形を持参した。

この贈り物を父は喜び、昼休みに、さっそく家に持ち帰った。

「ただいま。毅だけか？　母さんは？　檀家さんからお人形ば頂いたんや。手作りやと」

「お母さんは買い物に行っとぉ。……へえ。これが手作り？　凄か！」

実際その人形は高価な既製品のようだった。人間の赤ん坊ぐらいの大きさで、ちょっとアンティークドール風のリアルな造作の顔、フリルをたっぷり付けたワンピース。ヘッドの材質は塩化ビニール製で、ウェーブをつけた艶やかな黒髪が植え付けられていた。

それを居間のテーブルにお座りさせると、「少しだけ昼寝するけん、時間になったら起こしてくれ」と毅さんに言って、父はソファに横になった。

だが、間もなく呻《うめ》き声を発しはじめた。彼が飛んでいくと、ひどくうなされている。ウンウン呻き、苦し気な顔をするので、揺さぶり起こしたところ「わぁ！」と悲鳴を上げながら目を覚まして、「そん人形に襲われた！」と言った。

そこで毅さんは初めて正直な気持ちを述べた。「気持ち悪か人形っさねぇ」

「そがんこと言いなしゃんな！　檀家さんから貰《もろ》うたもんば！」と父は彼を叱った。

そのとき母が買い物から帰ってきた。経緯を説明したところ、母は人形を検分して、髪を触ると嫌そうに顔をしかめ、「こりゃ人ん髪ん毛ばい」と指摘した。

それを聞いて、父は、その檀家さんの髪が急に短くなっていたことを思い出した。

——彼女の執心、おそらくは禁断の恋慕の情が、人形に籠《こ》められているのであろう。

そんなものは家に置けない。しかし謗法蔵に入れたことは当人には伏せた。彼女はその後も信心を続けたそうだから、今頃は、人形に籠められた煩悩もだいぶ薄まったのでは。

第九四話　馬琴の命日、城山公園にて

毅さんは高校卒業後三年ほど働いた後、二一歳で上京してバンド活動のかたわら音楽専門学校に通った。南国鹿児島の寺族の生活から離れ、都会で暮らすようになったのだ。ちなみに今でも彼は東京で生活している。多才な御仁で、プログラマーや役者を経て、現在は芸能事務所の経営をしつつ、実業家として講演や執筆も行っている。

――さて、毅さんが二四歳のときのことだ。

彼は、当時交際していた一つ年下の彼女と、千葉県館山《たてやま》市の城山公園を訪れた。

その日は一一月六日で、着いてみたら園内に掲示されていたポスターなどで、今日が『南総里見八犬伝』の作者・曲亭馬琴《きょくていばきん》の命日だと知らされた。

ご存知の通り八犬伝は戦国大名・里見氏の興亡を題材にしており、この館山の城山公園は里見氏の最後の居城跡に造られている。だから模造の天守閣・館山城の内部は八犬伝博物館であるし、八犬伝や馬琴にちなんだ催しも行われる次第――城山全体が美しい公園になっており、山頂からは鏡ケ浦こと館山湾を一望できるので、デートスポットに最適なのだ。

秋晴れの空の下、毅さんたち二人は楽しく会話しつつ公園や博物館を見物した。

午後一時に到着して、気がつけば三時になっていた。

園内の茶屋へお団子を食べに行こうか、などと相談していたら、突然、彼女の顔が凍りついた。みるみる蒼白になるので「どうした？」と彼が慌てると、彼女は「左手をお侍さんに掴まれてる！」と言って、何者からか逃れようとしはじめた。見れば、その左手は宙の一点に固定されたままびくともせず、手の甲に赤い手形が浮き出してくるではないか。

太い指、大きな掌の跡から推して、男の手に掴まれているには違いない。

しかし姿が見えない。彼は彼女を抱きしめて謎の「お侍さん」から守ろうとした。

するとそのとき突風が渦巻き、同時に黒い壁が二人の周りを取り囲んだ。一瞬で、彼らは半径五メートルほどの円の中心にいた。暗黒の闇が円形の壁を成していたのだ。

手を突っ込むと壁の中にするりと潜ったが、掌が激しく風に煽られた。

「南妙法蓮華経！　南妙法蓮華経！　南妙法蓮華経！」

幸い彼女は左手が自由になっていた。肩を抱き、胸にしがみつかせて、毅さんは黒い風の壁に頭から突入した。たちまち強風に煽られて転びそうになるところを踏みとどまり、一歩一歩じりじりと前へ進んでいくと、五分ほどで、唐突に、スポンと壁の外に飛び出した。

夕焼けの赤金色に染まる景色を、彼と彼女は呆然と見回した。暗黒の壁は消えていた。

なんと、あれから二時間も絶っており、時刻は間もなく五時になろうとしていた。

第九五話　落ち武者の部屋

関東でイルカウォッチングの名所といえば、千葉県の銚子《ちょうし》港沖である。毅さんは二八歳の頃、同棲していた彼女と一緒に、銚子へイルカ見物をしに行った。

金土日の三日間をフルに遊ぶ予定で、海を望む宿を探したのだが、梅雨明けの週末とあってホテルはどこも満室。ようやく空室のある旅館を見つけたときはホッとした。

予約した旅館に行くと、なんだかひっそりとしている。何かわけがあって人気《ひとけ》がないのだと思い、嫌な予感がしたが、旅館の支配人は愛想が良く、スタッフの態度も申し分ない。

おまけに案内された二階の部屋というのが、宴会用の大広間のような立派な座敷で、窓からの眺望も素晴らしかった。

支配人は両手を揉み合わせて「全部使っていいんですよ」と満面の笑顔で媚びる。

毅さんは好運に感謝した。理由はどうであれ、サービスが良いに越したことはない。

ところが、支配人が立ち去ると、彼女が「この部屋、無理！」と言った。

「そこに落ち武者が正座してるよ？　横に刀を置いているの、怖すぎる！」

彼女に霊感があることは、彼も知っていた。また、「そこ」と言いながら彼女が指差した広間の真ん中辺りを注視したところ、その辺りだけ日傘の影になっているかのように薄暗く感じられた。無論、日傘など無いわけなので、怪異が起きていることは明らか。

そこで彼は旅館のフロントに行って、部屋を換えてほしいと伝えた。

すると支配人が来て理由を訊ねたので、常識の範囲内で正直に「彼女が部屋に何かいると言って嫌がるので」と答えたら、あっさりと希望が通ったのだが、そのとき、

「ああ、お連れの方は、そっちの方に敏感なのですね。じゃあ、あの部屋はよしましょう」

と言われたので、旅館の方では幽霊が出る部屋であることを承知の上で貸そうとしたのだろうと思ったとのこと。

その後、旅館の一階にある、いろんな意味で平凡な部屋にあらためて案内され、二泊三日の旅行をそれなりに楽しんだという。

第九六話　狸の置き物

毅さんたちカップルの趣味は国内旅行。旅雑誌を購読して、良さそうな場所を見つけては、時間と費用を捻出して旅を楽しんでいた。

あるとき、冬の水上温泉を紹介する記事に魅了されて、次の正月に行ってみることにした。何ヶ月も前から準備して、一月上旬に泊まれる宿を手配し、上越新幹線の往復券を買った。

当日、上毛高原駅からバスで水上温泉郷へ向かう道すがら、見事な一面の雪景色に二人は息を呑んだ。毅さんは南国鹿児島育ち、彼女も東京郊外の出身で、二人ともまだ二〇代後半と若く、雪国が珍しかったのだ。

白く化粧された森の樹々、冷たく澄み切った大気。すべてが完璧に思えた。旅館も、リーズナブルな値段の割には風情があり、温泉を引いた大浴場も快適だった。

何もかも素晴らしいのだが、彼には一つだけ気がかりなことがあった。

借りた部屋の床の間が、どういうわけか気になって仕方がなかったのだ。どこと言って変わったところのない床の間で、芸者を模した日本人形と木彫りの狸が置かれているだけなのだが、やけに視線が吸い寄せられてしまう……。

狸は高さが九〇センチほどで、とぼけた表情や太鼓腹がユーモラスで愛嬌があった。

対して芸者人形の方は、婀娜《あだ》なポーズを取っており……夜中に動きだしそうで、怖い。

「この芸者さんの人形、ヤバくない？」と毅さんは彼女に訊ねた。

彼女は幽霊が見える霊感体質の持ち主で、彼もそのことをよく知っていたのである。

しかし彼女は首を横に振り、「全然。別に。ふつうだよ？」と答えた。

霊感のある彼女がそう言うなら、絶対大丈夫だと安堵したのだが……。

深夜、蒲団の足もとが何か重いものに踏まれて、彼は目を覚ました。

痛い。ずっしりと目方のある硬い物体に、足首を踏まれている。

見れば、床の間にあった大きな狸の置き物が載っていた、と認識したときには跳ねあがっていて、すぐにドンと太腿に着地し、続けてドンドンと跳ねて腹まで上がってきた。

「やめれーっ」と咄嗟に出たお国言葉で狸を怒鳴りつけながら飛び起きると、狸はゴロンと倒れて畳に転がった。つついても、動く気配もない。ただの置き物に戻っている。

彼女が目を覚ましたので、今起きたことを説明すると、そんな化け狸がいる部屋では寝られないと泣かれた。そこで、とりあえず狸を廊下に出した。

まんじりともせず朝を迎えて、恐々と部屋の戸を開けて廊下を覗いたところ、狸は昨夜置いたときのまま動いていなかったが、仲居さんに頼んで、他所へ持っていってもらった。

第九七話　夢枕の恋

四〇年近くにわたる精神的な恋愛の話を聴いた――かつて好仁《よしひと》さんには恋人がいた。出逢ったのは九歳のとき。Aは転校生の女の子で、一目惚れの初恋だった。それから二人が高校生になるまで付き合った。高校生になると、将来は結婚しようと誓い合った。

好仁さんとAは励まし合って受験勉強に励み、揃って難関の国立大学に合格した。ところが彼は進学できなかった。行商人だった父が多額の借金を残して蒸発してしまったのだ。借金の保証人は母。母を見捨てられず、彼は夢をあきらめて建設現場で働いた。

彼が、言うなれば泥沼で足掻いているうちに、Aは大学を卒業し輝かしい未来へ向けて歩みだした――彼が身を引くと、彼女も深くは追ってこなかった。

彼はタイル職人になり、外装施工を請け負う一人親方として身を粉にして働き、三五歳で父の借金を返し終えたが、その矢先に、今度は母が倒れて介護の日々が始まった。

三七歳の秋、疲れ果てて夕方うたた寝をしていたら、こんな夢を見た。

――彼は知らない家を訪問していた。モダンな造りの豪邸で、玄関ホールが高い吹き抜けになっており、左の方に階段があった。階段を上がり、二階の廊下の突き当たりにある襖を開けると六畳の和室。正面に障子を閉めた掃き出し窓、窓辺に蒲団を敷いて誰か寝ている。

浴衣の肩が掛け蒲団から出ていて、女だとわかるが、なぜか顔が影になっていて見えない。顔が見えなくても、彼には、この女が衰弱して最期が迫っていることが察せられた。なぜなら、その枕もとには、黒い袈裟衣の僧侶が西陽が差す障子を背にして座っていたからだ。

その僧侶は、どういうわけか彼に瓜二つである。

「お願い。また生まれ直したら、今度は私の手を離さないでね」と女が囁いた。

「わかりました。来世ではあなたの手を離しません」と僧侶は応え、静かに読経をはじめた。

すると女は深々と一つ溜息を吐き、それを合図にみるみる枯れ萎んで、ミイラになった。

――この夢の後も、彼の人生は苦労が絶えず、行方不明だった父が発見されて引き取ることになり――老親を二人とも看取り終えてみれば、独身のまま四二歳になっていた。

さらにまた五年が過ぎて、四七歳のとき、夢でAと再会した。

懐かしい小学校の校舎で子どもに返って遊んでいたら、Aが煙のように消えてしまった。

胸騒ぎがして彼女の実家に連絡したところ、Aが亡くなっていることがわかった。

訪ねていくと、Aの実家は、一〇年前に夢で見た豪邸に変わっていた。出迎えた家人と会話するうち、女と僧侶の夢を見たあのときに、Aが病死していたことを知った。

第九八話　孤独な隣人

好仁さんが去年まで住んでいたアパートには、失業中の元パティシエがいた。腕は良かったが、病気の後遺症で脳に障碍を負い、三〇代半ばで職を失ったと言っていた。耳も悪く、補聴器を着けていた。だが、話しかけるとそれなりに聞こえて、会話ができた。もっとも、まともに話しかけるのは、好仁さんだけだったようだ。

他の人としゃべっているところを見たことがなかったし、彼は、控えめに言っても清潔感に欠けており、後遺症のために動作や表情が不自然にぎこちなかったので……。電車やバスで自分の隣に誰も座らないと嘆いていたものだ。

好仁さんは非常な苦労人であったから、この人にも人並みに生きる権利があると思い、積極的に声を掛けるようにした。

すると彼は、好仁さんの部屋を予告なしに訪ねてくるようになった。玄関の上がり框に座り込んで延々と喋《しゃべ》る。好仁さんが甘い物好きだとわかると、近所の美味しいケーキ屋を教えてくれた。それは良かったが、話の種が尽きてもなかなか帰ろうとしない。

仕方なく家に上げてやると、台所で何か作ろうとするのだが、必ず食器を割ったり、フライパンや包丁を床に落としたりするので、危なっかしくて任せておけない。

困ったなぁと思っていたところ、彼が引っ越すことになったと言い、新しい住所をメールで書いて寄越した。そして本当に引っ越したので、好仁さんは少しホッとしつつも、遠からず遊びに行くとメールで彼に伝えた。「待っているよ」という返信があった。

それが一二月。雑事に流されるうち春になってしまった。五月、ゴールデンウィークに訪ねていこうと思い、好仁さんは彼にメールしたが返信がない。障碍のせいでそそっかしい彼のことだ、スマホを失くすか何かしたのだと思い、直接、引っ越し先を訪問してみた。

そこは二階建てのアパートの一階だった。教えられた部屋番号の部屋のドアノブにガス会社の冊子がぶら下がっており、ドアの鍵が開いていた。

室内を覗くと、もぬけの空でカーテンもない。

そこへ、隣の部屋の住人がたまたま帰ってきた。呼び留めて事情を聞いてみたところ、ここに引っ越してきてから一ヶ月後に、彼が首吊り自殺していたことがわかった。

亡骸が腐臭を放つまで、誰も彼の死に気づかなかったのだという。

悲しみと後悔を抱えて帰宅し、翌朝、起きたら台所に食器や調理器具が散乱していた。

「こういうの、やめてよ!」と好仁さんは、耳の遠かった亡き隣人に向かって、大声で抗議した。それきり何も起きなかったが、念のため、住まいを移したのだという。

第九九話　秋雨の背振山で

以前、好仁さんは榊《さかき》を採る仕事をしていた時期があった。場所は、福岡県福岡市早良区と佐賀県神埼市との境にある背振山《せふりさん》。友人が営む林業会社のオフィスで働きながら、ときどき山仕事の手伝いをしていたところ、あるとき、件の友人である社長から、背振山に所有する土地で野生の榊を採集して市場に卸すように頼まれたのだ。

会社の業務が終わった夜から朝にかけて作業することになるので、給料とは別にバイト代を出すという。悪くない取引だったので引き受けた。

いつも夜の八時ぐらいにハッチバックのバンで山に入った。中腹の山道に車を置いて、月明りとヘッドライトを頼りに獣道を五キロほど進むと、見事な本榊の自生地に辿り着く。

榊は神棚に飾ったり神事に用いたりするものだが、昨今は輸入品や関東以北のヒサカキで代用されることが増えた。温暖な地方の山中に自生する本榊は、他と比べると葉の色艶が格段に優れており、非常に日持ちが良いので、市場では買い手に事欠かなかった。

ただし品物にするまでが一苦労だ。背振山は熊はいないが、時に猪や蛇が出る。道具を背負い、夜更けの山中を往復一〇キロ歩くのだ。ただ採ればいいというものでもなく、剪定したり、苗を植えつけたり、束に整えたり……。

——秋雨の季節だった。宵の口には降っていなかったが、榊を採っているうちに小雨がポツポツ来て、じきにやむだろうと舐めてかかっていたら、次第に雨足が強まった。午前二時頃、車まで戻ってきたときには、土砂降りになっていた。ずぶぬれになりながら榊と道具を積み込んで、ようやく運転席に乗り込んだところで、女が道を下ってきた。痩せた若い娘である。左右の手に片方ずつ、山には似つかわしくない華奢《きゃしゃ》なパンプスをぶらさげて、裸足でよろよろと歩いてくるのだから、尋常な事態ではない。薄手の黄色いワンピース一枚の薄着で、生地が体に張りついていた。長い黒髪が濡れそぼち、顔面は蒼白。麓までは一〇キロ以上。あんな娘さんが裸足で……いや、そういう問題ではない。

彼は運転席のドアを開け、「大丈夫ですか！」と雨音に抗して声を張って呼ばわった。

しかし、車から降りる刹那に女の姿が見えなくなった。周囲を探したが、いない。

激しい驟雨の中、雨に濡れたせいばかりではない寒気に襲われながら車で山を下りた。麓に辿り着くと、急に小降りになった。登山口の駐車場に車を停めて、さっきの女はやはり幽霊かしら、と考えた。そのうち雨がすっかり上がり、虫の声が聞こえてきた。

彼は駐車場の自販機で缶コーヒーを買った。自販機のそばで飲んでいたら、うなじを冷たい風がひと撫でし、背後の無人の闇が「ありがとうございます」と女の声で囁いた。

第一〇〇話　廃病院で遭ったもの　――当日――

かつて、神奈川県の国道一六号線沿いに、相模外科病院という私立病院があった。

一時は、廃病院としてよく知られていた。八〇年代に院長が死去した後、九〇年代前半に相続人が現れるまで、建物などの権利関係に誰も手がつけられず、容易に侵入できる状態で放置されていたのだ。最低でも一〇年以上は廃墟のまま建っていた。

――さて、一九九〇年の七月下旬、当時高三だった厚志《あつし》さんは、同じ高校のサバゲー仲間六人に誘われて、相模外科病院跡の廃墟でサバイバルゲームをすることになった。

敵味方に分かれて戦う殲滅《せんめつ》戦をやりたかったが、四人ずつ二チームに分けるには一人足りない。そこで彼は地元の幼馴染Aを誘った。

件の廃墟は夜になると暴走族が集まってくると聞いていたので、正午に現地集合した。

建物は三階建てで表玄関も裏口も開いていた。荒廃が著しく、窓ガラスは割れ、壁は落書きだらけで、使用済みの避妊具や空き缶が泥だらけの床に落ちている。

なるほど、サバゲーにうってつけだ。BB弾を撒き散らかしても罪悪感を覚えずに済む。

厚志さんとAは同じチームに入り、一〇分ほど、みんなで楽しく遊んだ。

だが、しばらくすると、つまづく物が何もない場所で、一人また一人と派手に転倒しはじめた。それが足払いを掛けられたかのような転び方で、全員異常を感じてゲームを中断した。

「どうする？　続ける？」と誰かに訊かれ、厚志さんは首を横に振った。

結局、彼とAだけが抜けて、他の六人は、もう少しサバゲーを続けることになった。

——ところが、裏口でAと待っていたら、五分も経たず、仲間の悲鳴が聞こえてきた。

建物の奥へ向かって「どうした！　どこにいる！」と叫ぶと、「地下！」と返事があった。

そこで階段を駆け降りていったところ、トップライトから薄日が差す通路に、患者用の手術衣だけを身に着けた裸の二〇代から三〇歳前後ぐらいの男が二人と、仲間たちがいた。

仲間は通路の突き当たりの壁に張りついて怯えている。厚志さんたちと彼らの間を、二人の男は緩慢な足取りで通路を横切っていった。彼らが向かう先の壁面に、元は両開きの扉があったと思しき四角い穴が真っ暗な口を開けていた。その上に《霊安室》の表示がある。

二人の男が闇の中に姿を消すと、仲間たちが我先にとこちらへ走ってきた。

それで、厚志さんはハッと我に返り、Aに続いて階段を駆け上ったのだった。

最寄のファミレスに移動してから、Aと自分がいない間に何が起きたのか六人に訊ねた。

すると、頭に縫い跡のある手術衣の老人が、厚志さんたちが来る前に現れていたことがわかった。通路を挟んで反対側の部屋から出てきて、霊安室に入っていった、とのこと。

第一〇一話　廃病院で遭ったもの　――後日――

七月下旬の白昼、厚志さんたちは神奈川県の廃病院でサバゲーをして、そこで全裸に手術衣だけを身に着けた異様な男たちを目撃した。それから二週間後、高校の登校日があった。朝、教室に行くと、一緒にサバゲーをした同級生六人のうち一人が来ない。どうしたのだろうと思っていたら、担任教師が来て、ただの欠席ではなく、交通事故に遭って入院中だと説明した。原付でトラックと衝突して顔と頭部に重傷を負い、深刻な後遺症や傷跡が残ることが予想されるという。

さらに夏休みが明けて間もなく、今度は別の一人が、不良グループに暴行を受けて、一命を取り留めたものの、下半身不随になってしまった。

厚志さんたちは高三だったので、そろそろ卒業後の進路が見えてくる時季だ。同じ高校のサバゲー仲間六人のうち、これで二人が、将来の計画の変更を余儀なくされたわけである。

厚志さんは、他校からの唯一の参加者で、自分が誘った幼馴染のAの身を案じた。だが、祈るような気持ちで連絡したところ、幸いAの身には何も起きていなかった。

しかし残り四人の同級生は、その後も一、二ヶ月おきに災難に見舞われていった。

一人は自動車の単独事故で、右脚を切断。

一人は階段から転落して植物状態に……。

また一人は親に隠れて吸っていた寝煙草の火が蒲団に燃え移り、全身に大火傷を……。

そして四人目は、卒業式の後に、家族と共に失踪した。夜逃げが疑われる状況ではあったが、あれから三〇年以上経つ現在に至るまで行方がわからない。

無事だったのは、厚志さんと幼馴染のAだけである。

彼はAと、自分たちはなぜ何事もなく済んだのだろうと額を寄せ合ったという。

二人を他の六人と分けたものは何か？　考えた挙句、彼らはある結論に辿り着いた。

「僕たちが駆けつける前に地下に現れた、頭に縫った傷跡のあるおじいさんが原因です。僕とAだけ、そいつを見ていません。それも手術衣を着ていたそうですから、頭の傷は開頭手術の痕でしょうか……。何か此の世に怨みを残していたのかなぁ……」

彼は私にそう語った。尚、Aは今でも元気で、お互い連絡を取り合っているとのこと。

――この話の舞台、相模外科病院は九〇年代前半に建物が撤去され、跡地に飲食店や駐車場が造られた。国道沿いの廃墟で少年たちが遊んだ夏の日は、今は遠い過去である。

第一〇二話　腹を斬る刀

三重のアパートで下宿している大学生の建斗《けんと》さんは、その八月半ばから下旬にかけて岐阜の実家に帰省した。留守の間、バイト先の友だちに飼い猫の世話を頼んでおいたが、アパートに帰宅して、鍵穴に鍵を挿し込んだ途端、なんとも言えない嫌な予感が胸をよぎった。

——猫に何かあったのではないか？

心臓が締めつけられる思いがし、慌ててドアを開けて飛び込むと、黴《かび》臭い温気が押し寄せてきた。臭くて蒸し暑い空気の向こうに、猫がいる部屋のドアが、シーン……と閉じていた。

不安が膨《ふく》らんで膝が笑う。震えながらそちらに一歩踏み出したとき、手前にあるユニットバスの扉が開いて、床から二〇センチほどの低い位置から、真っ黒な坊主頭が突き出した。ギョッとして注目する、と、彼から見て横向きにワニのような姿勢で男が這い出してきた。いや、形こそ男だが、顔も首も、開襟シャツの半袖から見える筋肉質の太い腕も、不気味な緑がかった灰色で、およそ生きた人間のようではない。

しかも、男が前進するにつれ腹から下が無いことがわかった。臍の辺りで胴体が真っ二つにされており、断面から垂れ下がったどす黒い内臓を、床にズルズルと引き摺っている。

そんな姿で、こちらを振り向いて、ニイッと白い歯を見せて笑いかけてきた。

愛猫のことも頭から吹き飛んで、泡を喰って外に逃げると、玄関ドアを勢いよく閉めた。

鍵を掛け、ドアに耳をつけて気配を探った――が、なんの音もしない。

再び猫が心配になってきた。そこで、煙草を一服すると、深呼吸してドアを開けてみた。

そうしたところ、さっきの化け物はおらず、奥の部屋で猫がニャーンと嬉しそうに鳴いた。

猫は無事で、むしろ留守番させた間に少し太っていた。しかし、彼はそれから体の調子がおかしくなった。朝から怠くて仕方がない。かといって夜は熟睡できない。

夏休みが明けても快復せず、大学の講義中に机に顔を伏せてぐったりしていたところ、眠気を催して――気づけば彼は人気のない夜道を歩いていた。

そこへ、電柱の陰から突如、人が飛び出して体当たりしてきた。

その人物の両手が自分の腹の前に見えた、と思った一瞬後、右から左にスライドする。

――腹に潜った銀色の刃が、己の臓腑《ぞうふ》を切り裂きながら、胴体を右から左へ走り抜けた。

黒い液体が刀身を伝って滴る。刀の持ち主の開襟シャツも、返り血で赤く染まっている。

そいつがニイッと歯を剥いて笑った。肌の色こそ普通だが、あの男に違いなかった。

――汗まみれで目を覚ました。途端に腹が下ってきてトイレに駆け込むと、内臓まで排泄するかと思うほどの下痢。出すだけ出したら、たちどころに元気になってしまった。

第一〇三話　借りあげ宿舎

昨年の七月下旬、建設会社の部長、雄三《ゆうぞう》さんは、秋田県南部で建設中のダム工事に職長として携わることになった。職長は現場作業員たちの指揮監督を担うものだが、還暦のベテランである彼には宿舎でもまとめ役となることが期待されていた。

その宿舎は、元は割烹料理屋と店主一家の住居を兼ねた、大きな二階家だった。

ここに滞在するのは雄三さんを入れて一〇人。全員が男で、彼の会社の同僚や顔見知りの技術者や作業員が多かった。宿舎に向かうバスでは、仲の良い同僚のAと会話が弾んだ。

宿舎を借り上げた元請け会社が、一階の大広間に、パーテーションやカーテンで仕切った小部屋を八つ用意してくれていた。雄三さんと、彼と同年輩のAだけ、二階の個室に泊まることにした。

小部屋や蒲団の割り振りが済むと、彼は一人で宿舎の中を見て回った。

変な建物だと思った。思わぬところに襖や扉、階段が隠れていて、まるで絡繰《からく》り屋敷のようなのだ。ある部屋の奥には梯子段があり、介護ベッドや手すり付きのトイレが設置された二階の小部屋に通じていた。病人か老人用の部屋だろうが、いささか独房じみている。

また、一階の奥の襖を開けたら、仏壇が置かれていた。最近誰かが使った形跡がある香炉や線香の束を見て、焼香を催促されたように感じ、線香を上げて仏壇に手を合わせた。

翌日、現場に行くと、作業員が一人、あの宿舎に滞在中に心不全で急死していたことを知らされた。ほんの数日前の出来事だという。

だから線香を焚いた跡があったのだ、と、少し嫌な感じがした。

それから一週間後、宿舎のみんなと夕食を囲んでいたところ、西瓜ほどの大きさの黒い煙の玉が食堂の出入口に忽然と現れた。驚いて見にいくと、彼から逃げるように廊下を移動して、共同トイレに飛び込んだ。しかし、トイレに行ったときには消えていた。

食堂に戻って「見たか?」と訊いたが、全員、なんのことだかわからないという反応。

——こんな奇妙な現象は初めてだ。気になって仕方ない——その夜は寝つきが悪く、まだ薄暗いうちに目が覚めた。尿意を催して共同トイレへ行くと、明々と電気が点いており、二足あるはずの便所サンダルが一足しかなく、また、個室のドアが一つだけ閉じていた。

だが、小便をしている間、そこから物音一つしない。

ノックしても返事がないので、脚立を持ってきてドアの上から覗き込むと、同僚のAが便器の横に倒れていた。急いで救急車を呼んだが手遅れだった。

事情聴取があり、発見する一時間ほど前に心不全で事切れていたことが検死でわかったと警察官から聞かされた。験《げん》が悪いので別の宿舎に移り、その後はみんな無事だという。

第一〇四話　円錐との遭遇

一九七四年の八月上旬、昌晃《まさあき》さんは家で夏休みの宿題をやっていた。彼は中一で、時刻は午後四時。家は東京都の日野市――八王子のお隣だから私にも少し土地勘がある――にあったが、現在の日野より農地が多く、彼の家も、周りを水田に囲まれていた。

田圃《たんぼ》の中の高台に建つ二階建て。それが彼と家族の家だった。お蔭で、二階の子ども部屋の窓からは、遠い山裾の住宅街まで水田が連なる、広大な景色が見渡せた。

カーテンを開けた窓に机を寄せていたので、宿題のノートや教科書から視線を上げる度に、金色に染まりはじめた一面の水稲が目に入った。

午前中は青空に入道雲が眩しく映えていたが、気づけば空が翳っており、雲も墨色に滲《にじ》んでいる――と、思ったら大粒の雨が窓ガラスを叩きはじめた。

夕立かな？　と、彼は机に両手をついて伸びあがり、外のようすを窺《うかが》った。

すると、椅子に座っていたときには視界に入らなかった、家から近い辺りが見えた。

――家から五〇メートルぐらい先の田の中で、小さなオレンジ色の炎が上がっていた。

やがて雨はいよいよ激しくなり、スコールの様相を呈してきた。

それなのに、その火は一向に消えない。これは奇妙だ。

「お母さん！　お父さん！　外になんだか変なもんがあるから、僕、見てくる！」

一階に駆け下りて大声でそれだけ言うと、玄関からそっちの方へ駆け出した。

すぐに父が後ろから追いついてきて、例の炎を見つけてアッと叫んだ。

「なんだあれ！　宙に浮いているじゃないか！」

そうなのだ。近づくにつれて、稲穂の先から数センチ上の空中に、それが浮いていることがわかった。また、底辺と一辺の直径がどちらも四〇センチぐらいの、横から見ると正三角形をした、円錐《えんすい》の形をしていることも判明した。側面に明るいオレンジ色の帯が四本描かれており、それが速い速度で回転しているために、遠目には炎が燃えているようだったのだ。

一点に留まり、垂直に立っている。天からピアノ線で吊られているか、地面に棒で固定してあるかのようだが、そんなものは存在せず、それはまったく独自の力で浮かんでいた。

金属質だが、なんとなく内側から発光している感じもあった。

だが触る勇気はなく、父と二人、雨に濡れるのも忘れ、口を開けて見惚れていた。

そのとき家の方から母の声がした。振り向くと縁側から手を振っていた。そこで父と駆け戻って、三人で縁側から、あの円錐をしばらく見物した。

およそ一〇分後、それは突然消失した。オレンジ色の残像も、間もなく驟雨に没した。

第一〇五話　あの頃、深夜の道了堂跡で

昌晃さんは、二一、二歳の頃の一時期、道了《どうりょうどう》堂跡の肝試しに大いにハマった。

一九八二年頃の夏のことで、よく仲間とたむろしていた高幡不動《たかはたふどう》駅前のレコード屋で、店員からこんな体験談を聴いたのがきっかけだった——道了堂で肝試しをして、独りでアパートに帰ってきたところ、天井に血塗《ちまみ》れの老婆が蜘蛛のように張りついていた、という。

「すっげえ！　俺たちも行くしかない！」と昌晃さんたちは大興奮。さっそく手当たり次第に知り合いに声を掛け、結局、車を四台も連ねて道了堂跡に押しかけた。

深夜、一〇人以上で廃屋となったお堂にドヤドヤと上がり込み、懐中電灯で方々照らしながら探検していたら、彼の背後で大きな悲鳴が上がった。

振り返ると、五人ばかりが固まって、今、横を通り過ぎてきた柱を指差していた。

「そこ！　その柱の陰からヌ～ッと女が首を突き出して、お前のことを見送っていた！」

真っ白に血の気が抜けた顔だった、と聞いて背筋が冷たくなり、慌てて外に逃げ出した。

しかし、それきり何も起こらない。面白かったので、週に一、二度も肝試しをした。

何事もなく五度目を迎えた。今度は大学の友人を二人誘って訪れた。

丑三つ時を選んで行ったのに何も起きず、がっかりしながら境内を出た。だが、石段を

下りていると、先に下に着いていた二人が、石段の左側を指して「蛍がいる」と騒ぎだした。見てみると、そこに細い道があって、数メートル先に蛍の光が群れ飛んでいた。一〇〇匹以上いるようで、暗闇に星が飛び交うかのような幻想的な眺めである。

蛍は水辺に棲んでいるものだと思っていたが、こんな山の中にも出るとは、意外だ。やや不思議な気もしたけれど、なにしろ綺麗である。三人でうっとりと眺めた。

ところが、やがて光の粒が一点に凝集しはじめ、密度が高い部分が何かの形を取り始めた。

「なんか……人みたいじゃない？」と彼が友人たちに問いかけるうちにも、見る間にはっきりした等身大の人型になって、こちらへ歩いてくる構えを見せた。

そこで一目散に逃げ出したわけだが――二週間後、このときの友人の一人が、深夜二時頃に、八王子と町田の境の旧戦車道路という峠道で、車の単独事故を起こして即死した。よくある走り屋の事故として世間では片づけられてしまったけれど、いたって真面目なおとなしいヤツで、そんな輩《やから》ではなかったのに……と、昌晃さんは不審に感じた。

それから一ヶ月後、残る一人が急に倒れて、昏睡状態に陥ったきりとなった。

――あとは自分だけ。

だが、あれから四〇年以上、無病息災でいる。それもまた不思議なことだと彼は言う。

第一〇六話　赤いちゃんちゃんこの老女

そのとき塔也《とうや》さんと彼女は、神奈川県の某駅から小田急線の上り電車に乗り込んだ。

二人でその駅付近の公園などでデートした帰り道で、時刻は夜の一〇時頃。

新緑の日曜日だったが、上り電車で、しかも夜遅いとあって、車内は空いていた。

並んでシートに腰を下ろし、何気なく正面を向くと、向かい側の窓ガラスに自分たちの姿が映っていたのだが——彼女の後ろに着物に赤いちゃんちゃんこを重ね着した白髪の老女がいて、枯れ枝のような両手に渾身の力を籠めて、彼女の首を絞めているではないか！

吃驚《びっくり》仰天して彼女の方を振り向いた。

「ん？　何？　急にどうしたの？」

「……いや、なんでもない」

彼女の首には誰の手も掛かってはいなかったし、後ろの窓ガラスは閉まっていて、赤いちゃんちゃんこも何も、変わったものは一つも見当たらない。

ところが前を向くと、やはり向かいのガラスに映っていたのだ。彼女の首を一心に絞める老女の姿が。赤いちゃんちゃんこ、白髪頭、筋張った手。そして殺意に満ちた鬼の形相も。

「うわぁ！」

立ち上がった瞬間に電車がグラリと動き出し、反動でよろけて彼女の上に倒れ込んだ。

「痛い！　ちょっと！　塔也くんてば、さっきから変だよ！」

「いや……いや、なんでもないんだ。ごめんね」

彼女の背後の窓ガラスを見たが、やはり何も異常がなかった。老女など、どこにもいない。

恐るおそる確認した正面の窓にも、今度は変なものは映っていなかった。

彼女の家の最寄り駅で降りて、近くまで送ってあげてから、自分のアパートに帰宅した。

翌朝は月曜日で、二人は会社の同僚であったから、いつものようにオフィスで挨拶を交わした。そのとき彼女は薄手のスカーフを首に巻いており、そういう恰好を初めて見た彼は、

「珍しいね、スカーフなんて」と言った。「でも似合うよ！」

褒めたつもりだったのに、彼女が顔を曇らせたので、言い方が悪かったかと焦ったら、

「違うのよ。見て！」と彼女がスカーフを少しずらした。

――あらわになった喉もとの白い柔肌に、手の跡が、細い指の一本一本までもくっきりと、赤黒い痣となって残されていた。

「起きたら、こうなっていたの！　自分でやったとしか思えないんだけど、怖くない？」

第一〇七話　ドアに刺さっていた

東日本大震災の直後に住み換えた人は、東京都内にも多い。青木《あおき》さんもそうで、老朽化した昭和の物件から、耐震構造が優れた新しい物件に引っ越した。

新旧共に都内のマンションで、今度の住まいは五階にある。

引っ越しを機に弟が独立し、両親と長女の青木さんが三人で住みはじめたのだが……。

初めに気づいたのは水の味の変化であった。水道の水の話ではない。ペットボトル入りのミネラルウォーターを買ってきて蓋を開けると、五分も経たず金臭くなってしまうのだ。

最初は、不良品に中ったのだと思った。だが、他のペットボトルの水でも同じように、家では不味くなった。自分の体調を疑いもしたが、自宅以外の場所だと味が変わらない。

奇怪な現象は他にも起きた。夜のうちにウィッグ用のヘッドマネキンが勝手に向きを変えて、朝になると彼女の方を向いていたり、夜、寝る前にカーテンを閉めようと思ったら、窓の向こうに巨大な目玉が浮いていたり。後者は、今でも夢に見るほど強烈な体験だった。

バスケットボールほどの大きさの人間の眼球が一つ、五階の高さの闇に浮いていたのだ。

咄嗟にカーテンを閉めてベッドに飛び込んだが、蒲団を顔まで引き上げる刹那に、窓辺に佇む人影に気づいてしまった。その途端に消えたが、どうも若い女のようだった。

――この妖しい女の気配は、日を重ねるにつれて濃厚になってきた。

黄昏のひととき、本でも読もうかとベッドに腰かけたところ、ベッドと壁の隙間から女らしいしなやかな腕が伸びてきて、白魚のような指を手首に絡ませてきたり……。

いつも、すぐに消えてくれるのが救いである。

こういうこともあった。暮らしだして二年ほど経った夏のある日、なぜか寝苦しく、蒲団の中で輾転《てんてん》とするうち午前三時を過ぎてしまった。眠るのをあきらめてベッドから下り、部屋の出入口の方へ行こうとしたところ――ドアに女が刺さっていたのである。

的に中った矢のように、目ぐらいの高さで、ドアの戸板に対して直角に、女の体が突き立っていた。しかし、頭が戸板を貫いていたとしても、体が水平に浮くわけがない。

長い黒髪の女で白い振袖を着ていたが、その袖や髪の毛も、垂れ下がっていなかった。

重力を含め、此の世の理《ことわり》に逆らっている。でも、この女の頭はドアの向こうに突き抜けているはず。最初の衝撃が去ると、青木さんはそう思い、意を決してドアを開けてみた。

ドアはスイッと軽く開き、向こう側に女の頭は無かった。それどころか、ドアの内側を見ると、さっきまであった体の方も跡形なく消えて、戸板にも傷一つなかったのだった。

彼女には何も心当たりがない。ただ、土地を調べたら昔そこに沼があった、とのこと。

第一〇八話　鯉　——魚腹に葬らる——

拙著『実話奇譚　邪眼』に入れた「鯉」の体験者、織香《あやか》さんが、その後の経過を知らせてくださった。

ちなみに「鯉」は、河口に近い神奈川県某所の二階建てアパートの住人が、何かしら鯉に関わるたびに亡くなっていき、死んだ順に、あたかも餌をねだる鯉のような姿の亡霊となってアパートの前に四人も並び、ついには彼女の身にも危険が迫るという、たいへん怖いとご好評を賜っている話なので、是非とも御一読いただきたし。

ちなみに彼女は三度の飯より釣りが好きな人である。いつか鯉を釣りそうで心配だ。

「川奈さん、あの横一列に並んでいる四人（元住人の幽霊たち）が、鯉みたいに口を開くときに、喉の奥から聞こえてくる音が変わったんですよ。前はズアーッと砂嵐みたいな音だったのが、今はギョポギョポって……。それって、鯉が餌を吸い込むときの音なんです」

鯉には、口のそばに来た餌をギュポンと吸い込んで食べる習性があり、そのため釣り人から「吸い込み系」と呼ばれているそうだ。大食漢で、しかも死骸も食べるスカベンジャーなので、釣り堀では、腐敗による汚染を防ぎ、池の美観を保つとして、重宝されているという。

「リリースが下手な子どもや初心者が釣りに来る、気軽なポンド式の釣り堀には、メインの魚の他に鯉も飼われていて、みんな死体をたらふく喰ってまん丸に肥えているものです」

——水面に浮かんだ亡骸に群がり、死肉をギョポギョポと吸い込んで。

「前回、川奈さんにインタビューしてもらった翌日の昼間、私が住んでるボロアパートの一〇一号室、つまり大家のおばあさんの弟が住んでいる部屋から、家具を動かすような音が聞こえてきて、夕方ようやく静かになったから見に行ってみたら、通路側の窓辺にいつも並んでた洗剤の容器や何かが無くなっていました。ここ三週間ぐらい、弟さんの姿を見ないし大家さんも出掛けてばかりで、変だなぁと思っていた矢先でしたからねぇ」

——つまり、一〇一号室に住んでいた老人も亡くなったのであろうか。

「それで、もしやと思って、あの人たちが並んでる方を振り向いたら、弟さんも端に並んで、みんなと同じように両腕を体の横にピタッとつけて、口をパクパクさせながら突っ立っているじゃないですか……。そのときからですよ。音がギョポギョポに変わったのは」

——彼らは何を吸い込もうとしているのだろう。

海や川で死ぬことを指す「魚腹に葬《ほうむ》らる」という古いことわざがある。

鯉は仲間の亡骸も腹に収めてしまうそうだから、この祟りで死んだ人々は、次の餌食が与えられるのを、文字通り口を開けて待っているのかもしれない。

外一〇九話（跋）　ぬれをんな

本書に相応しい話で最後を締め括りたいと思う。

シリーズの定則である一〇八を話数が超えてしまうので、「第」ではなく「外」と冠した。

——第一話「ぬれをなご」に似た妖怪に「ぬれをんな」というのがいる。

漢字にするなら濡女。江戸中期の画家・鳥山石燕《とりやませきえん》の『画図百鬼夜行』をはじめ、古くからさまざまな絵草紙に描かれてきた蛇体の化け物だ。

頭だけが長い黒髪の女で、手足はない。海蛇の化身と言われ、水辺に出没して人を喰らう。

だが、なぜか河鍋《かわなべ》暁斎《きょうさい》は、牛に女の長い髪を生やした「ぬれ女」という絵を描いた。

たぶん暁斎は、濡女を牛鬼の使いだとする島根県の伝承をどこかで知ったのであろう。

牛鬼は海辺で人を襲う妖怪で、西日本に伝わる。島根の濡女は牛鬼と一蓮托生《いちれんたくしょう》で、

——長い髪から水を滴らせた美女が、赤ん坊を抱いて海辺に現れ、通りかかった人に赤子を抱かせるや否や、素早く水中に泳ぎ去る。すると急に赤ん坊が重くなる。そこへ牛鬼が現れてペロリと喰われてしまう——と、こういう話だが、何やら美人局《つつもたせ》を彷彿《ほうふつ》とさせる。

水底は冥界に通じ、陸が此の世なら、岸辺は境界だから、ご安心めされるなということか。

いや、何処も油断ならない。山に海が入り込む、こんな場合もあるのだから。

――神奈川県の織香さんは、内陸部の山麓で昆布が生えているのを見たという。そこは彼女の祖母の故郷に近い、同県愛川町の海底地区。海底と書いて「うぞこ」と読むが、これには謂れがある。海底の市杵島《いちきしま》神社の弁天淵は、約三五キロ先の相模湾にある江ノ島の岩屋に通じており、満潮になると、海水がここまで上がってくると言われているのだ。

織香さんが昆布に遭遇したのは、この弁天淵付近である。昆布に特有の三角形をした根によって湿地に埋まり、匂いも味も新鮮な昆布そのものだったとか……。

このことがあった翌日、当時通っていた中学校の裏山が崖崩れしたそうだ。

昆布が災いを予兆するのか。不思議なことに、昔、彼女の祖母も、同じ場所で昆布を発見した直後に、宮ヶ瀬ダムの建設によって、故郷の村が湖の底に水没したというのである。

――昔々、海底の村人たちは、村の川淵から輝くばかりに美しい女が上がってくるところを目撃した。正しく、水も滴るいい女。それも道理で、この女は弁財天であった。彼女は遠く江ノ島から地中の水路を泳いできて、淵の底に現れたのだ。

そんな伝説の場所が現存し、さらに昆布まで生えるとは、これぞ実話の醍醐味《だいごみ》。

本当にあった奇譚ばかり集めた本書「一〇八怪談シリーズ」第四弾を、どうぞ皆さま、お愉しみあれ。

◉参考資料（順不同）

《怪異・妖怪・伝承データベース》国際日本文化研究センター　https://www.nichibun.ac.jp/YoukaiDB/
《四万十町》四万十町町役場　https://www.town.shimanto.lg.jp/
『二・二六事件蹶起将校 最後の手記』山本又（著） 保阪正康（解説）／文藝春秋
《加瀬沼緑地環境保全地域》宮城県https://www.pref.miyagi.jp/soshiki/sizenhogo/kasenuma.html
《臨時東京第三陸軍病院跡（相模原）》近代史跡・戦跡紀行～慰霊巡拝　https://senseki-kikou.net/?p=14781
《水木しげるも乗せた奇跡の駆逐艦「雪風」、元乗組員だけが知る真実　一兵卒にとっての「戦争」とは？-》足立倫行（著）／ウェッジ・オンライン　https://wedge.ismedia.jp/articles/-/17189
《吉野町ホームページ》http://www.town.yoshino.nara.jp/
『詳説 日本仏教13宗派がわかる本』正木晃（著）／講談社
『よくわかる四度加行の教則』大栗道榮（著）／国書刊行会
《大東塾》ウィキペディア　https://ja.wikipedia.org/wiki/%E5%A4%A7%E6%9D%B1%E5%A1%BE
『「右翼」の戦後史（講談社現代新書）』安田浩一（著）／講談社
《武蔵御嶽神社》http://musashimitakejinja.jp/
《男鹿プリンスホテルは有名な心霊廃墟！ 全盛期の様子や過去の事件とは？-》トラベルルーム

https://traveroom.jp/ogaprincehotel
《日本平パークウェイの歩道橋》全国心霊マップ　https://ghostmap.net/spotdetail.php?spotcd=339
『山梨県の武田氏伝説』笹本正治（著）／山梨日日新聞社
《首地蔵》日本伝承大鑑　https://japanmystery.com/yamanasi/kubijizo.html
《【Web企画展】　第18回企画展「『軍都計画』と相模原」第3弾～相模原陸軍病院（米軍医療センター）の変遷～》相模原市　https://www.city.sagamihara.kanagawa.jp/shisetsu/shikanren/etc/1022787.html
《錫杖の功徳　お坊さんがお話しするちょっとためになる話》西新井大師
https://www.nishiaraidaishi.or.jp/blog/article/article_19.html
『ふるさと世田谷を語る　野毛・上野毛』世田谷区生活文化部文化・国際・男女共同参画課
『都心部の遺跡　貝塚・古墳・江戸　東京都心部遺跡分布調査報告』東京都教育庁社会教育部文化課（編）／東京都教育委員会
『東京都遺跡地図』東京都遺跡分布調査会（編）／東京都教育委員会
《本門佛立宗》https://honmon-butsuryushu.or.jp/pg/about
《7つの仏教法人に送った質問状「霊魂は存在すると考えるか?」否定派の意外な〝言い分〟》（プレジデント・オンライン）https://president.jp/articles/-/48783
『学研全訳古語辞典　改訂第二版』金田一春彦（監修）小久保崇明（編）／学研プラス
《昔話に在る地を巡る　市杵島神社と弁天渕》相武電鉄上溝浅間森電車庫付属資料館
http://sobu-erw.o.oo7.jp/02/02/05/s01_02/index.html

一〇八怪談 濡女

2023年2月6日　初版第1刷発行

著者……………………………………………………………………………川奈まり子
デザイン・DTP　…………………………………………荻窪裕司(design clopper)
企画・編集　……………………………………………………………………Studio DARA

発行人……………………………………………………………………………後藤明信
発行所…………………………………………………………………株式会社 竹書房
〒102-0075　東京都千代田区三番町８－１　三番町東急ビル６F
email：info@takeshobo.co.jp
http：//www.takeshobo.co.jp
印刷所………………………………………………………………中央精版印刷株式会社